Sieglinde Mertlitz

ESSperimente

Kochshow
am eigenen Herd

SIEGLINDE MERTLITZ

ESS*perimente*

Koch show am eigenen Herd

VERLAG johannes heyn

Schrift: Lucida Sans
Gedruckt auf Hello Fat matt 1,1f 135 g

Alle Fotos stammen aus dem Archiv der Autorin.

7. Auflage 2013
30.–35. Tausend

Gesamtherstellung: Druckerei Theiss GmbH, A-9431 St. Stefan
Printed in Austria
ISBN 978-3-7084-0180-5

Inhaltsverzeichnis

Möge alles dir geraten,
was in diesem Buche steht:
Suppen, Pudding, Fisch und Braten
und wovon auch sonst die Red'.
Mögest nimmer du vergessen
einer Hausfrau schwere Pflicht:
stets zu kochen gute Essen,
ab und zu ein Leibgericht.
Möge alles dir gelingen
wünsch' ich dir der Dinge 3,
feines Zünglein zum Probieren,
Lieb und Lust zur Kocherei!

Wilhelm Busch

Einige Worte davor ...

... Rezeptbücher gibt es so viele ...

... und die bunt illustrierten Bände lassen beim Durchblättern das Wasser im Mund zusammenlaufen.

Doch zum Nachkochen braucht man meist viel Geduld, genügend Zeit, ausreichendes Haushaltsbudget sowie Ausdauer zum Einkaufen, da vielfach Sondereinkäufe gefordert werden. Und zu guter Letzt is(s)t man dann oft enttäuscht, wenn die mühevoll zubereitete Speise nicht so aussieht, wie von Starfotografen unter großem Aufwand bildlich festgehalten.

Über vernünftige Ernährung zu reden ist zu wenig! – Theorie muss in Praxis umgesetzt werden!

Durch die Auswahl von Gerichten, die den ernährungsphysiologischen Anforderungen entsprechen, kann sowohl in Schule als auch Haushalt ein wertvoller Beitrag zur Gesundheit geleistet werden.

Es ist höchste Zeit falsche Ess- und Trinkgewohnheiten zu ändern, wobei die Vorbildwirkung der Eltern eine entscheidende Rolle spielt. An dieser Stelle möchte ich nicht unerwähnt lassen, dass in der Ernährung Verbote verboten sind. Alles ist erlaubt. Es kommt eben nur auf die Qualität und Quantität der Zutaten sowie auf deren Zubereitung an. Die Rezepte in diesem Kochbuch können einen Beitrag dazu liefern. Das rechte Maß, neben sportlicher Betätigung, Alkohol- und Nikotinverzicht, wird allem gerecht: der Gesundheit, der Figur und dem Genuss.

Die Rezepte entsprechen allen Anforderungen einer ausgewogenen Ernährung. Zahlreiche Obst- und Gemüsegerichte, von der Vor- bis zur Nachspeise, laden zum Nachkochen ein. Auf fett- und zuckerarme Zubereitungsarten wurde besonders geachtet.

Wissen und Können ist nicht das Gleiche!

Immer mehr Jugendliche (mittlerweile auch Erwachsene) bringen immer weniger Erfahrung in der Speisenzubereitung mit.

Rezepte müssen logische Arbeitsschritte enthalten sowie veranschaulicht dargestellt werden, damit sie sicher gelingen und die Freude am Kochen erhalten bleibt. Erst mit dem Beherrschen grundlegender Zubereitungstechniken kann mit dem Experimentieren mit neuen Rezeptvariationen begonnen werden.

Mit Kindern und Jugendlichen erprobte Rezepte!

Einfache und unkomplizierte Rezepte wurden mehrfach von Schülerinnen und Schülern der Bundesbildungsanstalt für Kindergartenpädagogik in Klagenfurt sowie der Übungshauptschule der Pädagogischen Akademie des Bundes in Kärnten unter meiner Anleitung zubereitet und fotografisch festgehalten, um ein Nachkochen ohne Hilfe zu ermöglichen.

Weiters soll diese Rezeptsammlung auch Neulingen, die in ihrer schulischen Laufbahn (z. B. AHS-Bereich) keine küchenpraktische Ausbildung erhielten und vielfach während der Studienzeit erstmals zu Selbstversorgern werden, beim Erlernen der Kochkunst helfen.

Rezepte, die dem Trend der Zeit entsprechen!

Komplizierte Gerichte oder Dekorationen entsprechen heute nicht mehr der rationellen Arbeitsweise. Je einfacher und schneller man das Essen herstellen kann, desto mehr Zeit und Freude gewinnt man. Ab und zu wird es daher auch notwendig sein, den einen oder anderen Teig durch ein Halbfertigprodukt zu ersetzen. Die Verwendung von Tiefkühlgemüse oder -kräutern, speziell in den Wintermonaten, ist durchaus sinnvoll.

Die Gerichte dieses Buches erfüllen die verschiedenartigsten geschmacklichen Ansprüche und in der Art des Garnierens die Anforderungen der modernen Küche.

Der Wunsch nach „schneller Küche" entspricht unserer Zeit. Viele Rezepte können im Konkurrenzkampf gegenüber Fast-Food-Gerichten nur bestehen, wenn wir nicht immer an alten, überlieferten Kochmethoden und -praktiken festhalten. Vereinfachte und durchdachte Arbeitsschritte sollen trotz Zeitmangel die Möglichkeit bieten, frische, abwechslungsreiche und schmackhafte Gerichte auf den Tisch zu zaubern.

Selbst gekochtes versus Fertiggerichte!

Die Missbilligung gegenüber Fertigprodukten mit all ihren Zusatzstoffen lässt Gesundheitsbewusste wieder stärker an die Zubereitung selbst gemachter Speisen denken.

Heute gibt es die meisten Gerichte sowie Spezialitäten aus aller Welt in jedem Supermarkt zu kaufen. Vermehrt lohnt es sich daher wieder selber zu kochen, um den individuellen Geschmack hervorzuheben, die einheimische Lebensmittelproduktion zu unterstützen und dem Globalfood bewusst entgegenzusteuern.

Früh übt sich ...

In diesem Kochbuch finden Sie einfache Rezepte für alle Gelegenheiten und Geschmacksrichtungen, die auch Kindern (unter Aufsicht eines Erwachsenen!) oder einem Neuling in der Küche beim ersten Mal gelingen.

Ursprünglich habe ich schon vor 15 Jahren für meine damals 8-jährige Tochter Verena begonnen, Rezepte zu ändern bzw. zu vereinfachen. Heute, während ihrer Studienzeit, sind die einfachen und Zeit sparenden Rezepte bei ihr und den Studienkolleginnen und -kollegen gefragter denn je. Ihr Einfluss hat wesentlich zur Herausgabe dieses Buches beigetragen.

Danke!

Speziell gedankt für ihre Mitarbeit wird an dieser Stelle den

Studentinnen (VI. Sem. 2005) des Diplomstudiums für Ernährung und Haushalt an der Pädagogischen Akademie in Klagenfurt, den Schülerinnen und Schülern der Übungshauptschule und der Bundesbildungsanstalt für Kindergartenpädagogik sowie meinem Mann und meinen Kindern Verena und Christopher. Durch deren Mithilfe, konstruktive Kritik und wertvolle Ideen und Tipps sind die Speisen nicht nur ein Gaumen-, sondern auch ein Augenschmaus geworden.

Viel Spaß beim Entdecken neuer Lieblingsgerichte, gutes Gelingen sowie viel Freude beim Gestalten und Genießen wünscht die Autorin

Sieglinde Mertlitz

Die Autorin

Sieglinde Mertlitz wurde am 3. März 1961 in Klagenfurt geboren.
Nach Abschluss der Höheren Bundeslehranstalt für wirtschaftliche Frauenberufe in Klagenfurt besuchte sie 1980 die Berufspädagogische Akademie des Bundes in Wien, wo sie 1982 die Lehramtsprüfung für den hauswirtschaftlichen Fachunterricht an berufsbildenden mittleren und höheren Schulen ablegte.

Seit 1990 hält Sieglinde Mertlitz an der Bundesbildungsanstalt für Kindergartenpädagogik Seminare über Ernährung mit praktischen Übungen. Seit 1991 unterrichtet sie die Gegenstände Ernährung und Haushalt an der Übungshauptschule der Pädagogischen Akademie und ist seit 1993 an der Pädagogischen Akademie des Bundes in Kärnten im Bereich Küchenpraxis einschließlich Servierkunde sowie Fachdidaktik Ernährung und Haushalt tätig.

Damit es schmeckt!

Hygienemaßnahmen bei der Speisenzubereitung

Persönliche Hygiene:

- Schmuck von den Händen abnehmen
- Lange Haare zusammenbinden bzw. eine Kopfbedeckung tragen
- Saubere Kochschürze umbinden
- Hände gründlich mit Seife waschen: vor Arbeitsbeginn, nach der Zubereitung von rohem Fleisch und rohen Eiern, nach der WC-Benützung
- Nicht auf Speisen niesen oder husten
- Bei Wunden an den Händen Einmalhandschuhe tragen

Arbeitsplatzhygiene:

- Arbeitsflächen während der Speisenzubereitung sauber halten
- Schwammtücher häufig wechseln bzw. auskochen
- Geschirr- und Reinigungstücher strikt trennen
- Arbeitsgeräte sowie Kühl- und Vorratsschrank in regelmäßigen Abständen reinigen

Lebensmittelhygiene:

- Augen auf beim Einkauf und auf Lebensmittelqualität achten
- Lebensmittel sachgerecht lagern und zeitgerecht verbrauchen
- Lebensmittel, die eine Salmonellenvergiftung hervorrufen können, unbedingt getrennt von jenen verarbeiten, die roh gegessen werden. Speziell hier sollte auf die Reinigung der Arbeitsgeräte geachtet werden! Dies gilt besonders für Geflügelfleisch, Faschiertes und Eier.
- Speisen nicht zu lange warm halten
- Speisen und fertige Gerichte vor Verunreinigung schützen

Damit es gelingt!

Hinweise zu den Rezepten

Portionsangaben:

Wenn beim Rezept nicht anders angeführt, beziehen sich die Angaben auf 4 Personen, wobei die Rezepte bei Bedarf an kleinere und größere Esser angepasst werden können. Für individuelle Vermerke gibt es bei vielen Rezepten einen kleinen Freiraum.

Zubereitungszeiten:

Bei den Rezepten wurde bewusst keine Zubereitungszeit angegeben, da diese stark von den küchentechnischen Fertigkeiten der jeweiligen Person bestimmt wird. Mit Ausnahme jener Rezepturen, die mit einer Uhr gekennzeichnet sind, handelt es sich um Schnellrezepte, deren Fertigstellung zwischen 10 und 60 Minuten dauert. Die Arbeitszeit verkürzt sich aber wesentlich, wenn mehrere Hände mithelfen und so z. B. Teig und Fülle parallel vorbereitet werden.

Zeitmanagement:

Organisation ist die halbe Zubereitungszeit!
Vor Kochbeginn sollte das Rezept vollständig durchgelesen werden, um Steh- oder Backzeit sinnvoll zu nützen. Weiters sollten die notwendigen Lebensmittel sowie die erforderlichen Arbeitsgeräte hergerichtet und griffbereit sein. Nur dadurch lassen sich die Gerichte problemlos und in kürzester Zeit zubereiten. Wo immer es möglich ist, bewährt sich der Einsatz verschiedenster Haushaltsgeräte.

Lebensmitteleinkauf:

Ein gut sortierter Vorratsschrank sowie die Verwendung von Tiefkühlprodukten (z. B. Kräutern, Beerenfrüchten, Gemüse) sind eine große Hilfe für alle, die chronischen Zeitmangel haben. Das Anlegen von Tiefkühlvorräten einheimischer Obst- und Gemüsesorten kann zusätzlich Geld sparen und den Kauf von Importware verringern.

Frische Zutaten sind eine wichtige Voraussetzung für gesundes und schmackhaftes Kochen. Qualität muss nicht immer teuer sein, wenn man sich nach den Angeboten der Saison richtet.

Backofentemperatur:

Falls nicht anders angegeben, bezieht sich die Temperaturhöhe auf Elektrobacköfen mit Heißlufteinstellung (Umluft). Dadurch ist das Backen von bis zu drei Blechen gleichzeitig möglich.

Zutaten:

Bei vielen Rezepten gibt es Extrahinweise zu verschiedenen Variationsmöglichkeiten der Zutaten. Bevorzugen Sie heimische Lebensmittel der Saison und geben Sie Vollkornmehl den Vorzug gegenüber Auszugsmehl. Am Rezeptende gibt es Informationen zur jeweiligen Speise, verschiedene Tipps bzw. Vorschläge für Variationen.

Symbole

Es ist noch kein Meister vom Himmel gefallen!
Bei diesen Rezepten können bereits Kinder
viele Arbeitsschritte übernehmen.
Kinder (bis zu 10 Jahren) sollten nur unter Aufsicht
von Erwachsenen in der Küche „experimentieren" dürfen.

Zubereitungszeit liegt zwischen 60 und 90 Minuten
(einschließlich Rast- und Backzeit).

Inhaltsangaben

1 Becher Crème fraîche	150 ml
1 Becher Joghurt, Sauerrahm, Obers	250 ml = ¼ Liter
1 kleine Packung Mozzarella	125 g

Mengenangaben:

Um den Lebensmitteleinkauf und das Auswiegen zu erleichtern wurden die Mengen nicht in dag sondern in g angegeben.

In vielen Kochbüchern ist das exakte Einhalten der Mengenangaben erforderlich. Selbst kleinste Mengen sollen ausgewogen werden.

In letzter Zeit werden jedoch Mengenangaben wie Esslöffel, Teelöffel und Bechermaße immer beliebter. Viele meiner Grundrezepte habe ich dahingehend abgeändert. Es sind laut Angabe immer leicht gehäufte Ess- oder Teelöffel sowie ¼ l als Bechergrundmaß gemeint.
Ein Esslöffel Mehl mag logisch erscheinen, aber wer nimmt schon einen Esslöffel Butter? Einfach 20 g Butter abwiegen, auf den haushaltsüblichen Esslöffel geben und schon hat man für das nächste Mal das ungefähre Augenmaß.

1 leicht gehäufter Esslöffel enthält	20 g	Butter
	10 bis 20 g	Mehl, Semmelbrösel
	10 bis 20 g	Zucker
	30 g	Honig
	30 g	Marmelade
	10 g	Speisestärke
1 Esslöffel enthält	10 g	Öl, Wasser oder Milch

Legende

kg	=	Kilogramm
g	=	Gramm
TL	=	Teelöffel, schwach gehäuft
EL	=	Esslöffel, schwach gehäuft
Msp.	=	Messerspitze
Pkg.	=	Packung
Bd.	=	Bund (meist bei Kräutern)
½, ⅓, ¼, ⅛	=	ein Halb, ein Drittel, ein Viertel, ein Achtel
Min.	=	Minuten
1 Becher	=	¼ l-Becher, z. B. leerer Joghurtbecher
TK	=	Tiefkühlware
°C	=	Grad Celsius
l	=	Liter

Glossar

Küchenfachausdrücke, die in den Rezepten vorkommen

abbröseln

Butter wird in Mehl so zerkleinert, dass eine bröselige Masse entsteht. Entweder die Butter mit der Palette klein ins Mehl hacken oder Butter und Mehl zwischen den Händen zerreiben.

ablöschen

z. B. Angeröstetes mit einer Flüssigkeit aufgießen, um Röstprodukte zu lösen.

abschmecken

Eine Speise vor dem Anrichten mit den im Rezept angegebenen Gewürzen nachwürzen.

abschrecken

Heiße, meist gekochte Lebensmittel mit kaltem Wasser überbrausen. Dadurch wird der Garvorgang abgebrochen bzw. Eier können besser geschält werden.

al dente

z. B. Nudeln bissfest kochen. Der Begriff kommt aus dem Italienischen. Die Angaben auf der Nudelverpackung sollen beachtet werden.

anrösten

Zwiebeln, Knoblauch, Gemüse ... in heißem Fett kurz anbraten und etwas Farbe annehmen lassen.

Backen im Rohr

Garen unter Bräunung in trockener Luft bei Temperaturen zwischen 120 und 220 °C.

Béchamel

Helle Einmach (= Mehl in Butter kurz anrösten), die mit kalter Milch aufgegossen und aufgekocht wird. Eine beliebte Sauce zum Gratinieren und für Lasagne.

blanchieren

Gemüse, Tomaten, Mandeln ... für 1 bis 2 Minuten ins kochende Wasser geben und danach kalt abschrecken.

braten

Garen in einer offenen Pfanne unter Bräunung in wenig Fett bei Temperaturen zwischen 120 und 180 °C.

dämpfen

Garen in Dampf. Wenig Wasser in den Topf geben, Gargut in einen Siebeinsatz legen und zugedeckt garen. (z. B. Gemüse, Kartoffeln ...)

dekorieren

Verzieren eines Gerichtes.

dressieren

Schlagobers, Creme ... in einen Spritzsack (Dressiersack) füllen und andere Speisen damit garnieren oder Massen zum Backen aufspritzen.

dünsten

Zugedeckt garen in wenig Fett, etwas Flüssigkeit oder im eigenen Saft. Ausnahme Reis dünsten: doppelte Menge Wasser vom Reis nehmen und einen gut schließenden Deckel verwenden.

garnieren

Speisen verzieren bzw. mit Obst, Gemüse, Kräutern ... dekorieren.
Wichtig: Das Auge isst mit!

gratinieren

Ein Gericht mit Käse, Sauce ... überziehen und bei Oberhitze im Ofen kurz überbacken.

Kasserolle

Rundes oder längliches Kochgefäß mit Deckel, meist zum Dünsten verwendet. Im Vergleich zum Kochtopf niedriger.

kochen

Oberbegriff für das Garen. Die Garmachungsart Kochen heißt, ein Nahrungsmittel ganz oder teilweise von Wasser oder Suppe bedeckt garen.

linden

Trockenes Rösten von Mehl (Sterzmehl) ohne Fettzugabe.

Marinade

Gut gewürzte Salatsauce.

panieren

Fleisch, Fisch, Gemüse ... vor dem Braten oder Frittieren in Mehl, versprudeltem Ei und Bröseln wenden.

passieren

Gegarte Lebensmittel durch ein Sieb streichen oder mit der Kartoffelwiege oder -presse zerkleinern.

Prise

z. B. bei Gewürzen: jene Menge, die man zwischen Daumen und Zeigefinger halten kann.

pürieren

Gemüse, Suppen, Saucen ... mit dem Mixstab oder im Mixglas breiförmig zerkleinern.

putzen

Bei Obst und Gemüse welke oder harte Bestandteile wie Stängel, Stiele, äußere Blätter ... entfernen.

schälen

Ungenießbare oder harte Schalen und Häute werden entfernt. Lebensmittel möglichst dünn schälen und zügig weiterverarbeiten. Viele Obst- und Gemüsesorten können mit der Schale zubereitet werden.

stauben

Binden mit Mehl oder Stärke bei fertig gedünstetem Fleisch, Gemüse ... Es darf fast keine Flüssigkeit mehr vorhanden sein. Bindemittel einstreuen, gut untermischen, aufgießen und aufkochen lassen.

überkühlen

Speisen leicht auskühlen lassen.
Gegebenenfalls in ein kaltes Gefäß umschütten. Je nach Jahreszeit abgedeckt ins Freie oder in ein kaltes Wasserbad stellen.

unterheben

Eine Masse vorsichtig mit dem Kochlöffel unter eine andere rühren. (Nicht mit dem Mixer arbeiten!)

warm halten

Ein Gericht anrichten und auf einem Rechaud (Stövchen) oder im Ofen bei etwa 60 °C warm stellen.

waschen

Obst und Gemüse müssen gewaschen werden, um Schmutz, oberflächlich anhaftende Schadstoffe, Krankheitskeime ... zu entfernen.
Wenn möglich eine Gemüseputzbürste zum Waschen verwenden. Am besten mit lauwarmem Wasser möglichst unzerkleinert waschen und danach abtrocknen oder gut abtropfen lassen.

Wasserbad

Ein Gefäß über einen Topf mit fast kochendem Wasser stellen, z. B. zum Schmelzen von Schokolade oder um Speisen warm zu halten.

Wurzelwerk

Besteht aus Karotten, Lauch, Petersil- und Selleriewurzel sowie Petersiliengrün und wird meist abgepackt angeboten.

ziehen lassen

Langsames Garwerden von Speisen in kochend heißem Wasser (oder Sud), das nicht wallen soll.

Vorspeisen
Pikantes Allerlei

Es muss nicht immer Suppe sein!

*Mit wenig Aufwand
im Nu zubereitet,
können einzelne Gerichte
als Imbiss dienen,
den ersten Gang eines Menüs
bilden oder für ein Buffet
zubereitet werden.*

Apfel-Karotten-Rohkost

ZUTATEN:

½ Orange
½ kleine Zitrone
⅛ l Sauerrahm
Salz, Pfeffer
1 EL Honig oder Zucker

250 g Karotten
2 Äpfel

4 große oder
8 kleine Salatblätter

ZUM BESTREUEN:

2 EL gehackte Nüsse
oder Sonnenblumen-
kerne

1. Orangen- und Zitronenhälfte auspressen und mit Sauerrahm, Salz, Pfeffer und Honig zu einem Dressing verrühren.

2. Karotten und Äpfel gründlich waschen.

3. Äpfel grob und Karotten fein raspeln.

4. Äpfel und Karotten mit dem Dressing gut vermischen und abschmecken.

5. Salatblätter waschen, gut abtropfen lassen und auf Dessertteller oder in Glasschalen legen.

6. Rohkost anrichten, mit gehackten Nüssen oder Sonnenblumenkernen garnieren und gleich servieren.

Tipp: Obst und Gemüse liefern nicht nur wichtige Vitamine und Mineralstoffe, sondern trainieren auch das gesamte Verdauungssystem. Die Inhaltsstoffe der Karotte schützen die Zellen und stärken die Abwehrkräfte des Körpers.

Notizen

Bunte Toastecken

ZUTATEN:

2 Eier

50 g Käse, gerieben
(z. B. Pizzakäse)
50 g Schinken

¼ grüne Paprika
¼ rote Paprika
¼ gelbe Paprika
1 kleine Essiggurke

4 EL Crème fraîche
Salz, Pfeffer
(1 EL Ketchup)
etwas Petersilie

4 Scheiben Toastbrot
(Vollkorntoast)

GARNITUR:

Gemüse der Saison
Ei-Scheiben

1. *Eier in einer kleinen Kasserolle 10 Min. kochen, mit kaltem Wasser abschrecken und auskühlen lassen.*
2. *Backrohr auf 180 °C Heißluft vorheizen. Backblech mit Backtrennpapier auslegen.*
3. *Paprika waschen, Kerne entfernen und in kleine Würfel schneiden.*
4. *Schinken und ein Ei kleinwürfelig schneiden.*
5. *Essiggurke fein hacken bzw. schneiden.*
6. *Geschnittene Zutaten und Käse in eine Rührschüssel geben.*
7. *Petersilie waschen, Blätter abzupfen, fein hacken und untermischen.*
8. *Crème fraîche untermengen und pikant würzen.*
9. *Masse auf Toastbrotscheiben streichen, Brote diagonal durchschneiden und aufs Backblech legen.*
10. *Ca. 10 Min. überbacken, anrichten, garnieren und gleich servieren.*

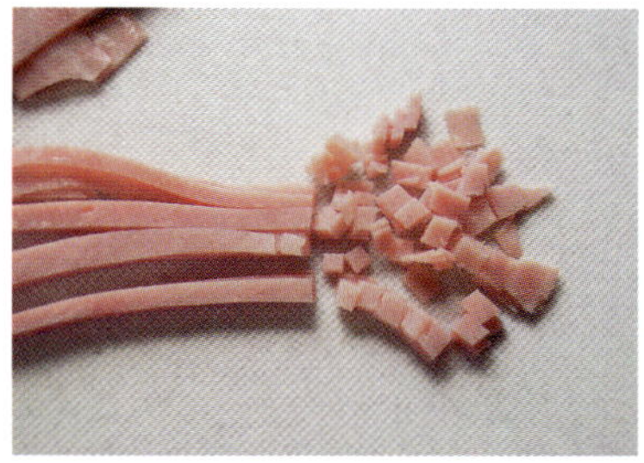

Tipp: Der Toastaufstrich kann im Voraus zubereitet werden und sollte bis zum Aufstreichen im Kühlschrank lagern. Es müssen nicht unbedingt drei verschiedenfärbige Paprikaschoten sein.

Ei auf Vogerlsalat

ZUTATEN:

4 Eier

150 g Vogerlsalat

4 EL Olivenöl
4 EL Essig
2 EL Wasser
Kräutersalz
weißer Pfeffer
¼ TL Senf

GARNITUR:

Kräuter der Saison
Kresse
Gänseblümchen

1. *Alle Eier hart kochen (ca. 10 Minuten), kalt abschrecken, abschälen.*
2. *Zwei Eier mit dem Eierteiler in Scheiben oder Achtel teilen.*
3. *Vogerlsalat vorsichtig in einem Sieb waschen und abtropfen lassen (wenn möglich, in einer Salatschleuder trocknen).*
4. *Zwei Eier feinwürfelig schneiden.*
5. *Öl, Essig, Wasser und die Gewürze zu einer Marinade vermischen.*
6. *Vogerlsalat anrichten und mit Ei-Scheiben belegen. Gewürfelte Eier darüber verteilen und mit Marinade beträufeln.*
7. *Mit frischen Kräutern garnieren.*

Tipp:
Zusätzlich noch Thunfischstücke oder Schinkenstreifen über den Vogerlsalat geben.
Als Beilage Brot reichen.
Der Vogerlsalat hat mehrere Namen, wie z. B. Rapunzel, Feld- oder Pflücksalat.

Notizen

Osterhäschen

ZUTATEN:

4 Eier
½ grüne Paprika
1 Bund Schnittlauch
und/oder Blattsalat der Saison (z. B. Vogerlsalat)

MARINADE:

2 EL Öl
2 EL Essig
2 EL Wasser
Salz

ZUM DEKORIEREN:

Majonäse (aus der Tube)
bunte Pfefferkörner
Karottenscheiben

1. *Eier hart kochen (10 Min.), kalt abschrecken, abschälen und nach dem Auskühlen an der Längsseite etwas abflachen.*
2. *Salat putzen, waschen, gut abtropfen lassen (Salatschleuder), marinieren und anrichten.*
3. *Paprika waschen, Kerngehäuse entfernen und in dünne Streifen schneiden (= Ohren).*
4. *Schnittlauch waschen, gut abtropfen lassen und fein schneiden.*
5. *Eier in die Mitte des Salates setzen und mit den angegebenen Zutaten beliebig dekorieren.*

Tipp: Eine sehr schnelle und einfache Vorspeise für den Osterfesttisch.
Brot und Gebäck dazu servieren.
Beim Einkauf Eier aus Freilandhaltung bevorzugen.

Notizen

Pikante Brandteigringe (für 6 Personen)

ZUTATEN:

⅛ l Wasser
50 g Butter
Salz
100 g glattes Mehl
2 Eier

CREME:

250 g Magertopfen
⅓ Bund Petersilie
1 EL Öl
1 Zehe Knoblauch
Salz, Pfeffer

1 Bund Radieschen
2 Eier

100 g Salat
(z. B. Kopfsalat, Vogerlsalat)
2 EL Öl
2 EL Essig
2 EL Wasser
Salz

1. Wasser, Butter und Salz in einem kleinen Kochtopf zum Kochen bringen. Mehl hinzufügen und so lange rühren, bis sich ein Ballen bildet, der sich vom Topfboden löst.

2. Teig in eine Rührschüssel umfüllen und handwarm überkühlen lassen.

3. Eier gut versprudeln und löffelweise mit dem Mixer nach und nach unterrühren.

4. Backblech mit Backtrennpapier auslegen. Backrohr auf 200 °C Heißluft vorheizen.

5. Teig in einen Spritzsack mit großer gezackter Tülle füllen und 6 Ringe aufs Backblech dressieren.

6. Im vorgeheizten Rohr ca. 30 Minuten backen. Nach etwa der Hälfte der Backzeit auf 180 °C zurückschalten. (Backrohrtür während des Backens nicht öffnen!).

7. Eier hart kochen (10 Min.), abschrecken, schälen und in Scheiben schneiden.

8. Ringe vollständig auskühlen lassen und mit dem Sägemesser halbieren. Creme einfüllen und mit Radieschenscheiben belegen.

9. Für die Creme Petersilienblätter und Öl pürieren, unter den Topfen mischen und würzen.

10. Salat waschen, marinieren und anrichten. Gefüllte Brandteigringe in die Mitte des Salates setzen.

Tipp:
Brandteig muss nicht immer süß gefüllt werden!
Blattsalate und Gemüsegarnitur je nach Jahreszeit verwenden. Im Frühling mit frischer Kresse garnieren.

Pikante Maisrollen

ZUTATEN:

100 g Schinkenspeck
100 g Emmentaler
1 kleine Zwiebel
1 kleine Dose Mais
(ca. 300 g Füllinhalt)

2 EL Hot-Ketchup
1 Knoblauchzehe
Salz, Pfeffer
¼ TL Thymian
¼ TL Chilipulver

1 Packung Strudelteig
(Fertigprodukt – 2 Teige)

ZUM BESTREICHEN:

1 Ei, versprudelt

1. *Speck, Emmentaler und Zwiebel in kleine Würfel schneiden.*
2. *Speckwürfel in einer Pfanne glasig anrösten, Zwiebel dazugeben, etwa 1 Minute mitrösten und von der Hitze nehmen.*
3. *Maiskörner gut abtropfen lassen und mit der Speckröstung sowie den Käsewürfeln vermischen und mit den angegebenen Zutaten würzen.*
4. *Backrohr auf 180 °C Heißluft vorheizen.*
5. *Backblech mit Backtrennpapier auslegen.*
6. *Strudelteige halbieren. Auf jedes Teigstück ein Viertel der Fülle geben, mit Ei bestreichen, Ränder einschlagen und einrollen.*
7. *Nochmals mit Ei bestreichen.*
8. *Ca. 15 Min. goldgelb backen und gleich servieren.*

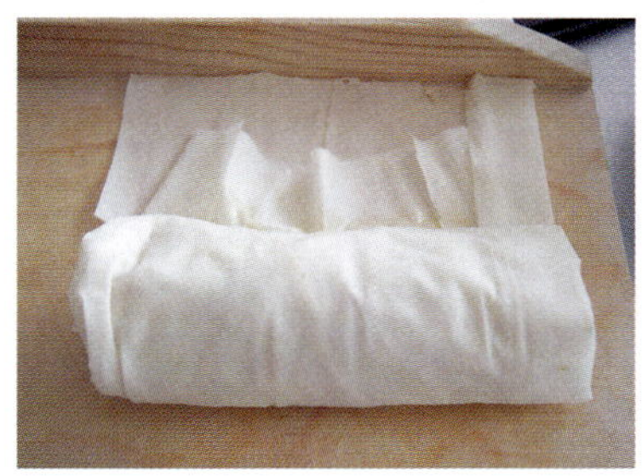

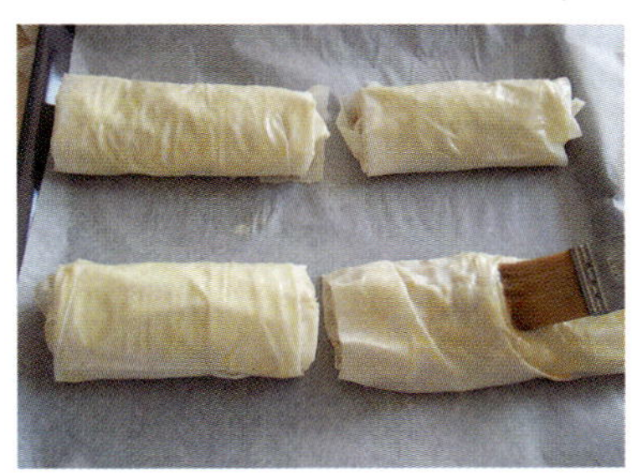

Tipp: Dazu passen Blattsalate sowie scharfe Saucen aller Art.
Anstelle von Strudel- kann auch Blätterteig verwendet werden. Die Fülle individuell nach Geschmack abändern.
Tiefkühlteige vorher auftauen lassen!

Notizen

Pizzaschnecken

ZUTATEN:

TEIG:

250 g Magertopfen
6 EL Milch
5 EL Öl
1 Ei
Salz
1 Pkg. Backpulver
300 g Weizenvollmehl

FÜLLE:

4 EL Tomatenmark
100 g Schinken
100 g Käse, gerieben (Mozzarella, Gouda ...)
Salz, Pfeffer
½ TL Basilikum (frisch oder getrocknet)

entweder/oder:
5 Oliven
50 g Champignons

3 EL Olivenöl
3 EL Sonnenblumenkerne

1. *Topfen, Milch, Öl, Ei und Salz in einer Rührschüssel glatt rühren.*
2. *Mehl mit Backpulver vermengen, dazugeben und zu einem Teig verkneten (mit Knethaken des Mixers oder mit der Küchenmaschine).*
3. *Für die Fülle Schinken feinwürfelig schneiden. Oliven und/oder Champignons klein schneiden.*
4. *Alle Zutaten der Fülle vermischen und pikant würzen.*
5. *Backrohr auf 180 °C Heißluft vorheizen. Backblech mit Backtrennpapier auslegen.*
6. *Teig auf einem bemehlten Nudelbrett in Backblechgröße auswalken.*
7. *Teig mit Fülle bestreichen und von der Schmalseite her eng aufrollen.*
8. *Teig in ca. 3 cm dicke Scheiben schneiden, aufs Blech legen und etwas flach drücken.*
9. *Mit Öl besteichen und mit Sonnenblumenkernen bestreuen.*
10. *Ca. 20 bis 25 Min. backen.*

Tipp: Eine schnelle Alternative zur Germteigpizza.
Die Zutaten der Fülle nach persönlichen Vorlieben abändern.

Radieschen-Cocktail

ZUTATEN:

1 großer Bund Radieschen
½ Salatgurke
1 Ei
4 große oder 8 kleine Salatblätter (Kopfsalat oder ersatzweise 5 dag Vogerlsalat)

MARINADE:

4 EL Kräuteressig
4 EL Olivenöl
4 EL Wasser
Salz
weißer Pfeffer
¼ Becher Kresse (ersatzweise ¼ Bund Schnittlauch)

1. *Ei 10 Minuten kochen, abschrecken, auskühlen lassen, schälen und mit dem Eierteiler schneiden.*
2. *Salatblätter unter fließendem Wasser gründlich waschen, abtropfen lassen (Salatschleuder verwenden) und die Glasschüsseln damit auslegen.*
3. *Salatgurke gründlich waschen, bitteres Ende entfernen, der Länge nach halbieren und in dünne Scheiben schneiden.*
4. *Radieschen putzen (Blätter und Wurzeln abschneiden), waschen und gut abtropfen lassen.*
5. *Radieschen in Scheiben schneiden.*
6. *Kresse abschneiden, in einem Sieb waschen und abtropfen lassen.*
7. *Für die Marinade alle Zutaten vermischen und abschmecken.*
8. *Radieschen und Gurken auf den Salatblättern anrichten, mit der Marinade übergießen, mit Ei und Kresse garnieren.*

Tipp: Wenn die Salatgurke mit einem Dressiermesser (Buntmesser) geschnitten wird, sieht sie dekorativer aus.
Für einen pikanten Salat können noch 100 g geschnittener Käse untergemischt werden.

Notizen

Rohkostteller mit Dip

ZUTATEN:

2 Karotten
1/3 Salatgurke
1/3 grüne Paprika
1/3 Kohlrabi
2 Tomaten
1 Bd. Radieschen

DIP:

125 g Magertopfen
(= 1/2 Packung)
1/8 l Sauerrahm
1/3 Bd. Schnittlauch
1/3 Bd. Petersilie
1–2 Knoblauchzehen
Salz
etwas Zitronensaft

1. *Gemüse putzen, gründlich waschen und Kohlrabi schälen.*
2. *Gemüse in ca. 6 cm lange Stäbchen schneiden bzw. Tomaten und Radieschen vierteln und abwechselnd nebeneinander auf den Teller legen (entweder portionsweise oder auf einen gemeinsamen Teller).*
3. *Dazu den Dip servieren.*

Dip:

1. *Schnittlauch waschen und fein schneiden.*
2. *Petersilie waschen, abzupfen und hacken.*
3. *Topfen, Sauerrahm und die Kräuter (einige für die Garnitur aufheben!) gut vermischen, Knoblauch hineinpressen und würzen.*
4. *Dip in kleinen Schüsseln anrichten und mit Kräutern garnieren.*

Notizen

Tipp: Das Gemüse kann auch mit den Fingern gegessen werden. Dipvariationen und Gemüsesorten je nach Vorlieben anbieten. Eigene Kräuter (z. B. Frühlingskräuter) aus dem Garten für den Dip verwenden. Dieses Gericht eignet sich als Vorspeise und/oder als Zwischenmahlzeit.

Schinkenwaffeln (8 Stück)

ZUTATEN:

80 g Butter
400 ml Milch
250 g Weizenvollmehl
½ TL Backpulver

1 mittlere Zwiebel
100 g Schinken
2 Eier
Salz, Pfeffer
Paprikapulver

½ Bund Schnittlauch
2 Zehen Knoblauch

SCHNITTLAUCHDIP:

250 g Magertopfen
1 Becher Crème fraîche
Salz
½ TL Zitronensaft
½ Bund Schnittlauch
1 Zehe Knoblauch

1. *Butter flaumig rühren.*
2. *Milch, Mehl und Backpulver dazugeben und verrühren.*
3. *Zwiebel schälen, halbieren und fein würfelig schneiden.*
4. *Schinken fein würfelig schneiden.*
5. *Beides sowie Eier und Gewürze untermischen.*
6. *Schnittlauch schneiden, Knoblauch schälen, pressen und beides dazugeben. Alles gut vermengen.*
7. *Waffeleisen erhitzen, mit Öl leicht bepinseln.*
8. *2 bis 3 EL Teig ins Waffeleisen einfüllen und 3 bis 4 Min. backen.*
9. *Waffeln auf einem Gitter auskühlen lassen.*

Schnittlauchdip:

Schnittlauch waschen und fein schneiden; Knoblauch schälen und pressen; alle Zutaten gut vermengen und würzen.

Tipp: Waffeln einzeln auf einem Gitter auskühlen lassen und nicht übereinander stapeln, sonst werden sie schnell weich. Alle Zutaten sorgfältig vermischen, damit beim Backen eine gleichmäßige Bräunung entsteht. Den Dip je nach Vorliebe variieren oder durch Aufstriche ersetzen.

Thunfischcocktail

ZUTATEN:

1 Dose Thunfisch (im Natursaft)
1 großer Apfel
2 Ananasscheiben

DRESSING:

$\frac{1}{8}$ l Sauerrahm
3 EL Naturjoghurt
Salz
Pfeffer
Saft einer $\frac{1}{2}$ Zitrone
$\frac{1}{2}$ TL Senf

4 Salatblätter

ZUM GARNIEREN:

1 Ananasscheibe und/oder
2 Cocktailtomaten
frische Petersilie

1. *Thunfisch abseihen.*
2. *Thunfisch in eine Glasschüssel geben und mit zwei Gabeln in mundgerechte Stücke teilen.*
3. *Apfel waschen, kleinwürfelig schneiden und dazugeben.*
4. *Ananasscheiben in Würfel schneiden und untermischen.*
5. *Für das Dressing alle Zutaten in einem Gefäß gut vermischen, mit dem Thunfisch gut vermengen und abschmecken.*
6. *Salatblätter gründlich waschen und gut abtropfen lassen (oder in einer Salatschleuder trocknen).*
7. *Glasschalen mit Salatblättern auslegen, Thunfischcocktail anrichten und garnieren.*

Tipp: Neben Apfel und Ananas kann auch eine würfelig geschnittene Banane untergemischt werden. Den Salat entweder in Glasschalen oder auf Desserttellern anrichten.

Notizen

Thunfischspitzen

ZUTATEN:

½ Dose Thunfisch im eigenen Saft (ca. 80 g)

½ kleine rote Paprika
½ kleine Zwiebel
1 Essiggurke

100 g geriebener Käse (z. B. Mozzarella)
3 EL Sauerrahm
1 kleine Zehe Knoblauch
Salz, Pfeffer

4 Scheiben Toastbrot (Vollkorntoastbrot)

GARNITUR, z. B.:

4 kleine Essiggurken
1 Salatblatt
1 Tomate
Petersilie

1. Backblech mit Backtrennpapier auslegen. Backrohr auf 180 °C Heißluft vorheizen.

2. Thunfisch abseihen, in eine Rührschüssel geben und mit einer Gabel zerkleinern.

3. Paprika waschen, kleinwürfelig schneiden. Essiggurke und Zwiebel kleinwürfelig schneiden.

4. Alle Zutaten zum Thunfisch geben, Knoblauch hinein pressen, mit Salz und Pfeffer würzen und alles gut vermengen.

5. Masse auf die Toastbrote streichen und ca. 15 Minuten backen.

6. Vorspeisenteller mit den angegebenen Zutaten garnieren.

7. Toastbrote diagonal (kreuzweise) durchschneiden und anrichten.

Tipp: Ein einfaches und schnelles Rezept, das gut vorbereitet werden kann, wenn Gäste kommen. Die Thunfischspitzen können als Vorspeise oder eigenständiges Gericht serviert werden.

Notizen

Tomatentürmchen

ZUTATEN:

2 große Tomaten
1 kl. Pkg. Mozzarella (ca. 125 g)
3 EL Basilikum
Salz
3 EL Olivenöl

ZUM GARNIEREN:

Basilikumblätter

Brot oder Gebäck

1. *Tomaten waschen, in Scheiben schneiden und Stielansatz entfernen.*
2. *Mozzarella abseihen und in Scheiben schneiden (Messer oder Mozzarellaschneider).*
3. *Basilikum waschen, klein hacken und mit Salz und Olivenöl vermischen (= Pesto).*
4. *Pro Person nimmt man die Scheiben einer halben Tomate. Die größte Scheibe auf den Teller geben, Mozzarellascheibe darauf legen und mit Pesto bestreichen – schichten bis das Türmchen fertig ist.*
5. *Mit Basilikumblättern garnieren und servieren.*

Tipp: Dieses schnelle Gericht muss nicht unbedingt eine Vorspeise sein – in doppelter Menge zubereitet kann es als leichtes Abendessen serviert werden. Dazu passt Brot oder Gebäck. Tomaten aus biologischem Anbau bevorzugen. Tomaten enthalten wertvolle Vitamine und Mineralstoffe, die eine gesundheitsfördernde Wirkung haben.

Notizen

Aus dem Suppentopf

Ohne Suppen wären wir um eine der vielfältigsten Gaumenfreuden ärmer.

Suppen mit nahrhafter Einlage und Brot als Zuspeise können eine Hauptmahlzeit ersetzen. Suppen auf Gemüsebasis sind schnell gekocht und nicht nur in der Kinder- und Krankenküche beliebt.

Brokkolicremesuppe

ZUTATEN:

1 kleine Zwiebel
2 EL Öl
2 mittelgroße Kartoffeln
$\frac{3}{4}$ l Wasser
Salz, Pfeffer, Muskatnuss
1–2 Suppenwürfel

ca. $\frac{1}{2}$ kg Brokkoli

$\frac{3}{4}$ Becher Crème fraîche
1–2 Knoblauchzehen

GARNITUR:

4 TL Crème fraîche
4 kl. Brokkoliröschen

1. *Zwiebel schälen und fein hacken.*
2. *Kartoffeln waschen, schälen und würfelig schneiden.*
3. *Öl in einem Kochtopf erhitzen, Zwiebelstücke darin anrösten.*
4. *Mit Wasser aufgießen, Kartoffeln dazugeben und würzen.*
5. *Suppe ca. 10 Minuten leicht kochen lassen.*
6. *In der Zwischenzeit Brokkoli in Röschen teilen und gründlich waschen (vier Röschen für die Garnitur zur Seite legen).*
7. *Brokkoliröschen dazugeben und 10 Min. weich kochen.*
8. *Knoblauch schälen und hineinpressen.*
9. *Crème fraîche unterrühren und mit dem Mixstab pürieren.*
10. *Suppe anrichten und garnieren.*

Tipp: In den Wintermonaten kann auch Tiefkühlbrokkoli verwendet werden. Diese Kartoffelbasissuppe kann mit verschiedenen Gemüsesorten (z. B. Zucchini, Karotten, Kohlrabi ...) zubereitet werden.

Notizen

Champignonsuppe

ZUTATEN:

250 g Champignons
50 g Lauch (weißer Vorderteil oder $\frac{1}{2}$ kleine Zwiebel)
1 EL Butter

1 EL glattes Mehl
$\frac{3}{4}$ l Wasser
1 Suppenwürfel (pflanzlich)
Salz, weißer Pfeffer

$\frac{1}{8}$ l Schlagobers

ZUM GARNIEREN:

2 rohe Champignons
1 Scheibe Schwarzbrot
Lauchgrün/Petersilie

1. Champignons in einem Sieb waschen, gut abtropfen lassen, bei Bedarf schälen und feinblättrig schneiden (Messer oder Eierteiler).

2. Lauch waschen, abtropfen lassen und fein würfelig schneiden.

3. Butter vorsichtig erhitzen (soll keine Farbe annehmen) und die Champignons sowie den Lauch darin anrösten.

4. Mehl darüber streuen, kurz mitrösten, mit Wasser aufgießen, würzen und alles etwa 10 Minuten leicht kochen lassen.

5. Suppe mit dem Mixstab pürieren, Schlagobers unterrühren und abschmecken.

6. Angerichtete Suppe mit Schwarzbrotwürfeln, in Scheiben geschnittenen rohen Champignons und Lauchgrün oder Petersilie garnieren.

Tipp: Cremesuppen lassen sich auch mit anderen Mehlsorten wie Hafer-, Gersten- oder Reismehl binden. Statt mit Würfelsuppe kann auch mit Rind- oder Geflügelsuppe aufgegossen werden.

Notizen

Frühlingskräutersuppe

ZUTATEN:

2 mittelgroße Kartoffeln
1 Frühlingszwiebel
1 EL Butter
1 EL Vollkornmehl
gut $\frac{3}{4}$ l Wasser
1–2 Suppenwürfel (pflanzl.)
Salz, weißer Pfeffer
Muskatnuss

ca. 100 g frische Kräuter (Frühlingskräuter und/oder Gartenkräuter wie Schnittlauch, Petersilie, Kerbel ...)
$\frac{1}{8}$ l Schlagobers

1 EL Butter
1 Scheibe Schwarzbrot

1. Kartoffeln schälen und klein würfelig schneiden.

2. Zwiebel schälen und fein hacken bzw. schneiden.

3. Butter erhitzen, Zwiebel anrösten, Mehl dazugeben, kurz mitrösten und mit kaltem Wasser aufgießen.

4. Kartoffeln hinzufügen, würzen, ca. 10 Min. leicht kochen lassen.

5. Schwarzbrot würfelig schneiden und in heißer Butter kurz anrösten.

6. Suppe mit dem Mixstab pürieren.

7. Frühlingskräuter in einem Sieb waschen (einige als Garnitur zur Seite geben), hacken, zur Suppe geben und nochmals kurz aufkochen lassen.

8. Schlagobers einrühren, anrichten und mit Brotwürfeln und frischen Kräutern garnieren.

Tipp: Die Frühlingskräuter (Wildkräuter) selber sammeln oder auf einem Bauernmarkt kaufen, wie z. B. Löwenzahn, Bachkresse, Sauerampfer, Schafgarbe, Bärlauch, Gänseblümchenblüten, Brennnessel, Gundelrebe, Frauenmantel, Wegerich ...

Notizen

Grießnockerlsuppe

ZUTATEN:

SUPPE:

1 Bund Wurzelwerk
1 Zwiebel
1 EL Öl

1 Liter Wasser
8 Pfefferkörner
5 Neugewürzkörner
1 Msp. Muskatnuss
1 Lorbeerblatt
1 Knoblauchzehe
1 Suppenwürfel
Kräutersalz

GRIESSNOCKERLN:

30 g Butter
1 Ei
Salz
Muskatnuss, gerieben
80 g Grieß (Nockerlgrieß)
etwas Petersilie

⅓ Bund Schnittlauch

Suppe:

1. *Wurzelwerk waschen, Zwiebel schälen und alles grob würfelig schneiden.*
2. *Gemüse in Öl leicht anrösten, mit Wasser aufgießen und die Gewürze (außer Salz und Suppenwürfel) dazugeben.*
3. *Suppe mindestens 30 Minuten leicht kochen lassen und erst vor dem Anrichten mit Salz und Suppenwürfel abschmecken.*

Grießnockerln:

1. *Butter mit dem Mixer flaumig rühren.*
2. *Ei, Grieß und Gewürze dazugeben.*
3. *Petersilie waschen, Blätter fein hacken und untermischen.*
4. *Etwa 15 Min. rasten lassen.*
5. *Mit zwei Teelöffeln Nockerln formen, in die leicht kochende Suppe einlegen und ca. 30 Min. bei geringer Hitze ziehen lassen.*
6. *Schnittlauch waschen, fein schneiden und über die angerichtete Suppe streuen.*

Tipp: Grießnockerln mit Vollkorngrieß zubereiten und bei geringer Hitze langsam ziehen lassen! Wenn es schneller gehen soll, die Grießnockerln extra in Salzwasser kochen und die fertige Suppe einlegen.

Grießsuppe

ZUTATEN:

1 kleine Zwiebel
2 EL Butter oder Margarine

4 EL Grieß
gut 1 Liter kaltes Wasser
Salz
1–2 Suppenwürfel (pflanzlich)

1 Karotte

¼ Bund Petersilie

1. *Zwiebel schälen und fein hacken.*
2. *Butter oder Margarine in einem Kochtopf erwärmen und die gehackte Zwiebel darin anrösten.*
3. *Grieß dazugeben, mitrösten und mit kaltem Wasser aufgießen.*
4. *Suppe würzen und ca. 5 Minuten ohne Deckel leicht kochen lassen. Ab und zu umrühren!*
5. *Karotte waschen, fein raspeln, zur Suppe geben und noch weitere 5 Min. leicht kochen lassen.*
6. *Petersilie gut waschen und hacken.*
7. *Suppe anrichten und mit Petersilie bestreuen.*

Tipp: Eine schnelle Suppe, die gerne in der Kleinkinder- und Krankenküche zubereitet wird. Bei Magen-Schonkost die Zwiebel weglassen, den Grieß nur leicht in Butter anlaufen lassen und milde würzen.

Notizen

Gulaschsuppe

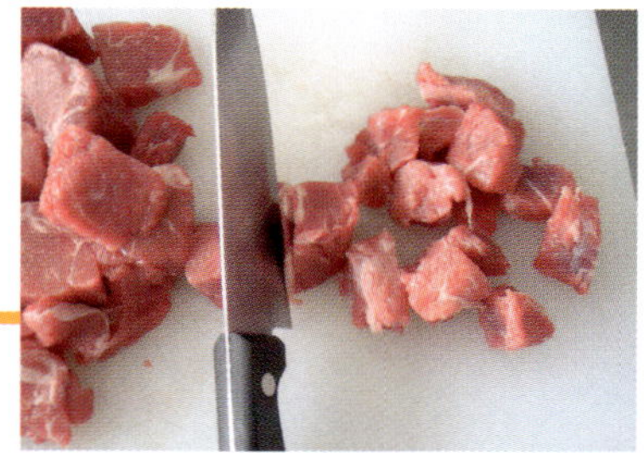

ZUTATEN:

300 g Rindfleisch
(z. B. Schulter)
2 Zwiebeln
2 EL Öl

2 EL Paprikapulver
1 TL Essig
gut $\frac{3}{4}$ Liter Wasser
1 Suppenwürfel
Salz, Pfeffer
je $\frac{1}{2}$ TL Majoran,
Thymian, (Kümmel)
1 Lorbeerblatt
1 EL Tomatenmark

2 Kartoffeln
1 Frankfurter Würstchen
100 g weiße Bohnen
(aus der Dose)

1 EL glattes Mehl
4 EL Wasser

Gebäck oder Brot

1. *Rindfleisch in ca. $1\frac{1}{2}$ cm große Würfel schneiden.*
2. *Zwiebeln schälen, feinwürfelig schneiden und in heißem Öl goldbraun anbraten.*
3. *Fleischwürfel zugeben und anrösten. Paprikapulver darüber streuen, kurz mitrösten und mit Essig ablöschen.*
4. *Mit Wasser aufgießen, die angegebenen Gewürze einschließlich Tomatenmark dazugeben.*
5. *Suppe ca. 25 Min. kochen lassen.*
6. *Kartoffeln schälen, in kleine Würfel schneiden und zur Suppe geben. Die Suppe weitere 15 Minuten kochen lassen.*
7. *Frankfurter Würstchen in Scheiben schneiden und mit den Bohnen zur Suppe geben.*
8. *Mehl mit Wasser glatt rühren, in die kochende Suppe geben und alles noch 2 Minuten leicht kochen lassen.*
9. *Suppe abschmecken, anrichten und mit Brot/Gebäck servieren.*

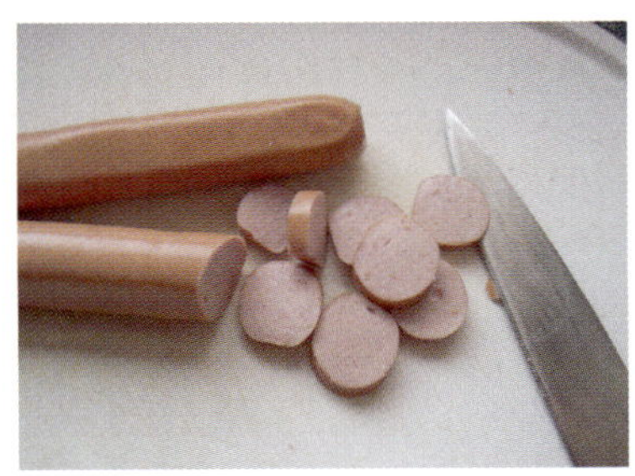

Tipp: Eine ideale Suppe, die sich gut vorbereiten lässt, denn einmal aufgewärmt schmeckt sie noch besser. Mit dem Dampfdruckkochtopf kann die Kochzeit auf 10 Minuten verkürzt werden. Klein geschnittene Chilischoten machen die Suppe noch schärfer.

Notizen

Karottencremesuppe

ZUTATEN:

1 Zwiebel
500 g Karotten
50 g Lauch
100 g Sellerieknolle
2 EL Öl

1 EL Tomatenmark
2 EL Vollkornmehl
1 Liter Gemüsesuppe (Würfelsuppe)

1 Becher Crème fraîche
Salz, Pfeffer

GARNITUR:

1 EL frische Kräuter (z. B. Petersilie, Dille ...)
Karottenscheiben
1 EL Crème fraîche

1. *Zwiebel schälen und würfelig schneiden.*
2. *Karotten mit der Gemüseputzbürste waschen und in Scheiben schneiden.*
3. *Lauch halbieren, waschen und fein nudelig schneiden.*
4. *Sellerie schälen und in Würfel schneiden.*
5. *Öl erhitzen, Zwiebel anrösten, das Gemüse dazugeben und kurz mitrösten.*
6. *Vollkornmehl und Tomatenmark dazugeben, kurz mitrösten und mit Gemüsesuppe aufgießen.*
7. *Suppe aufkochen und ca. 10 bis 15 Min. leicht kochen lassen, bis das Gemüse weich ist.*
8. *Suppe mit dem Mixstab pürieren, Crème fraîche dazugeben und mit Salz und Pfeffer abschmecken.*
9. *Karottensuppe anrichten und mit frischen Kräutern, Crème fraîche sowie Karottenscheiben garnieren.*

Tipp: Die Karotten nicht schälen, sondern nur mit Hilfe einer Bürste gründlich waschen. Karotten liefern besonders viel Vitamin A, ein wichtiger Wirkstoff für Haut und Augen.

Notizen

Kartoffelsuppe

ZUTATEN:

1 Zwiebel
4 Kartoffeln
(ca. 400 bis 500 g)

1 EL Öl
1 EL Mehl
¾ bis 1 Liter Wasser

Salz, Pfeffer
Majoran, Kümmel
1 Suppenwürfel (pflanzlich)
1 Lorbeerblatt

⅓ Bund Petersilie

(ev. 1 Paar
Frankfurter)

1. *Zwiebel schälen und fein schneiden.*
2. *Kartoffeln schälen und klein würfelig schneiden.*
3. *Zwiebel in Öl anrösten, Mehl dazugeben, kurz mitrösten und mit kaltem Wasser aufgießen. (Gut verrühren, damit sich keine Klumpen bilden!)*
4. *Kartoffeln und Gewürze dazugeben. Die Suppe ca. 10 bis 15 Minuten leicht kochen lassen.*
5. *Petersilie waschen und fein hacken.*
6. *Lorbeerblatt entfernen, die Suppe anrichten und mit Petersilie bestreuen.*

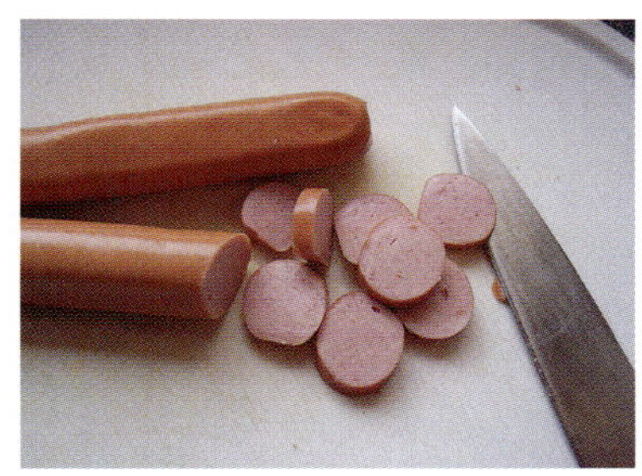

Tipp: Eine wärmende Suppe in kalten Wintermonaten. Zum Schluss können noch in Scheiben geschnittene Frankfurter Würstchen dazugegeben werden. Als Beilage Schwarzbrot servieren.

Notizen

Klare Gemüsesuppe

ZUTATEN:

400 g Gemüse
(z. B. Karotten, Kohlrabi, Karfiol, Zucchini, Erbsen, Sellerie usw.)
1 mittelgroße Kartoffel

1 kl. Zwiebel
1 EL Öl

ca. 1 Liter Wasser
Salz, Pfeffer
etwas Muskatnuss
1–2 Suppenwürfel

$\frac{1}{3}$ Bund Schnittlauch

1. *Gemüse putzen, je nach Sorte schälen und kleinwürfelig schneiden oder zerteilen (z. B. Karfiol).*
2. *Kartoffel schälen und würfelig schneiden.*
3. *Zwiebel schälen und hacken.*
4. *Öl vorsichtig erwärmen und Zwiebel darin goldgelb anrösten.*
5. *Mit Wasser aufgießen, das vorbereitete Gemüse dazugeben und würzen.*
6. *Suppe auf kleiner Flamme etwa 15 Min. kochen lassen.*
7. *Schnittlauch waschen, fein schneiden und über die angerichtete Suppe streuen.*

Tipp: Es müssen nicht alle Gemüsesorten sein. Gemüse der Saison bevorzugen. In den Wintermonaten kann ein Teil des Gemüses durch Tiefkühlgemüse ersetzt werden.

Notizen

Knoblauchsuppe

ZUTATEN:

1 große Zwiebel
2 EL Öl
6 Knoblauchzehen
Saft von ¼ Zitrone
¾ l Wasser
1 Suppenwürfel
Salz, Pfeffer

3 EL Knödelbrot
¼ l Obers

ZUM ANRICHTEN:

2 EL Butter
2 Scheiben Toastbrot oder
4 EL Knödelbrot

etwas Schnittlauch oder
Petersilie

1. *Zwiebel schälen, halbieren und fein schneiden.*
2. *Öl erhitzen und die Zwiebelstücke darin goldgelb anrösten.*
3. *Knoblauchzehen schälen, dazupressen und kurz mitrösten.*
4. *Zitronensaft hinzufügen und mit Wasser aufgießen.*
5. *Mit Suppenwürfel, Salz und Pfeffer würzen und ca. 10 Min. leicht kochen lassen.*
6. *3 EL Knödelbrot (macht die Suppe sämiger) und Obers dazugeben.*
7. *Suppe pürieren.*
8. *Toast- oder Weißbrot in kleine Würfel schneiden und in einer Pfanne mit Butter anrösten.*
9. *Kurz vor dem Servieren die Brotwürfel über die Suppe streuen und mit Schnittlauch oder Petersilie garnieren.*

Tipp: Die Suppe in einem Brottopf servieren (kann in der Bäckerei vorbestellt werden).

Notizen

Kräuterfrittatensuppe

ZUTATEN:

SUPPE:

1 Bund Wurzelwerk
1 Zwiebel
1 EL Öl

1 Liter Wasser
6 Pfefferkörner
4 Neugewürzkörner
1 Msp. Muskatnuss
1 Lorbeerblatt
1 Knoblauchzehe, ganz
1–2 Suppenwürfel (pflanzl.)
Kräutersalz

KRÄUTERFRITTATEN:

100 g Vollkornmehl
Kräutersalz
¼ l Milch
1 EL gehackte Kräuter (Schnittlauch, Petersilie)
1 Ei
etwas Öl zum Backen

⅓ Bund Schnittlauch

1. *Wurzelwerk waschen, Zwiebel schälen und alles grob würfelig schneiden.*
2. *Gemüse in Öl leicht anrösten, mit Wasser aufgießen und die Gewürze (außer Salz und Suppenwürfel) dazugeben.*
3. *Suppe mindestens 30 Min. leicht kochen lassen und erst vor dem Anrichten mit Salz und Suppenwürfel abschmecken.*

Kräuterfrittaten:

1. *Mehl, Salz und Milch mit dem Schneebesen glatt rühren.*
2. *Ei und Kräuter unterrühren und ca. 10 Min. quellen lassen.*
3. *Einige Tropfen Öl in einer Pfanne erhitzen, einen Schöpfer Teig eingießen und die Kräuterfrittaten auf beiden Seiten goldgelb backen.*
4. *Frittaten in der Mitte halbieren, einrollen und nudelig schneiden.*
5. *Schnittlauch waschen und fein schneiden.*
6. *Suppe mit der Einlage anrichten und mit Schnittlauch bestreuen.*

Tipp: Wurzelwerk/Suppengrün besteht aus: Karotten, gelbe Rüben, Sellerie, Lauch, Pastinaken und Petersiliengrün. Andere Gemüsesorten (Kohlrabi, Karfiol, Kohlblätter …) geben der Suppe eine individuelle Note. Je nach Jahreszeit frische oder getrocknete Kräuter für die Suppeneinlage verwenden.

Kräuterschöberlsuppe

ZUTATEN:

SUPPE:

1 Bund Wurzelwerk
1 Zwiebel
1 EL Öl
1 Liter Wasser
8 Pfefferkörner
5 Neugewürzkörner
1 Msp. Muskatnuss
1 Lorbeerblatt
1 Knoblauchzehe, ganz
1 Suppenwürfel, pflanzlich
Kräutersalz

KRÄUTERSCHÖBERL:

2 Eier
Kräutersalz
Muskatnuss
¼ Bund Schnittlauch
¼ Bund Petersilie
40 g Mehl

ZUM BESTREUEN:

¼ Bund Schnittlauch

1. Wurzelwerk waschen, Zwiebel schälen und alles grob würfelig schneiden.

2. Gemüse in Öl leicht anrösten, mit Wasser aufgießen und die Gewürze (außer Salz und Suppenwürfel) dazugeben.

3. Suppe mindestens 30 Minuten leicht kochen lassen und erst vor dem Anrichten mit Salz und Suppenwürfel abschmecken.

Kräuterschöberl:

1. Backblech mit Backpapier auslegen und Backrohr auf 180 °C Heißluft vorheizen.

2. Kräuter waschen, schneiden bzw. hacken.

3. Eier trennen und Eiklar zu Schnee schlagen.

4. Dotter versprudeln und mit Mehl, Kräutern und Gewürzen unter die Schneemasse heben.

5. Masse 1 cm dick aufs Blech streichen und etwa 15 Minuten goldgelb backen.

6. Biskuit in Rauten schneiden.

7. Suppe mit der Einlage anrichten, mit Schnittlauch bestreuen und gleich servieren.

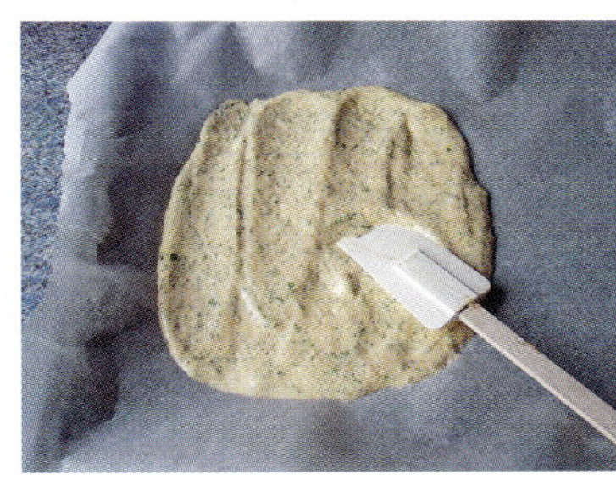

Tipp: Für Schinkenschöberl 50 g feinwürfelig geschnittenen Schinken unter die Masse heben.

Notizen

Kürbiscremesuppe

ZUTATEN:

400 g Kürbis
(z. B. Hokkaido- oder Muskatkürbis)

1 mittelgroße Zwiebel
2 EL Öl

gut ½ l Gemüsebrühe
½ TL Meersalz
gehackter Kümmel

⅛ l Milch
⅛ l Obers
1 EL Sojasauce
1 TL Zitronensaft

GARNITUR:

4 TL Crème fraîche
4 TL gestiftelte, geröstete Kürbiskerne
etwas Kürbiskernöl

1. Kürbis teilen, Kerne entfernen und das Kürbisfleisch großwürfelig schneiden.

2. Zwiebel schälen und kleinwürfelig schneiden.

3. Zwiebel in Öl goldgelb anrösten. Kürbiswürfel dazugeben und kurz mitrösten.

4. Mit Gemüsebrühe aufgießen. Meersalz und Kümmel dazugeben und ca. 20 Minuten leicht kochen lassen.

5. Mit dem Stabmixer oder im Mixglas pürieren. Milch und Obers dazugeben, mit Sojasauce und Zitronensaft würzen.

6. Suppe abschmecken, anrichten und garnieren.

Tipp: Nicht nur eine Suppe für „Halloween“. Den Kürbis nur schälen, wenn die Schale sich nicht mehr mit dem Fingernagel eindrücken lässt.

Notizen

Lauch-Kartoffel-Suppe

ZUTATEN:

1 kl. Stange Lauch (ca. 200 g)
½ Zwiebel
2 EL Öl

1 EL Vollkornmehl
knapp 1 Liter kaltes Wasser

Salz, Pfeffer, Kümmel
Majoran, Thymian
1½ Suppenwürfel
(pflanzlich)

2 große Kartoffeln

⅓ Bund Petersilie

1. *Lauch putzen, der Länge nach halbieren, waschen und fein nudelig schneiden. Zwiebel hacken.*
2. *Öl erhitzen, Zwiebel darin anrösten, Lauch dazugeben und kurz mitrösten.*
   Mit Mehl stauben, mit kaltem Wasser aufgießen und würzen.
3. *Kartoffeln schälen, klein würfelig schneiden und in die kochende Suppe geben.*
4. *Suppe ca. 10 Min. leicht kochen lassen (immer wieder umrühren!).*
5. *Petersilie waschen, hacken und über die angerichtete Suppe streuen.*

Tipp: Lauch immer halbieren und gründlich waschen, da er meist sehr viel Sand bzw. Erde enthält.
Die Kartoffeln mit einem Reibeisen grob in die Suppe raspeln. Für eine Lauchcremesuppe die fertige Suppe pürieren und mit etwas Schlagobers verfeinern.

Notizen

Pürierte Kartoffelsuppe

ZUTATEN:

3 mittelgroße Kartoffeln
1 Karotte
$\frac{1}{2}$ kleine Lauchstange
$\frac{1}{4}$ Knolle Sellerie
(oder 1 Bund Wurzelwerk)

$\frac{1}{2}$ Zwiebel
1 EL Öl

1 Liter Wasser
1 Lorbeerblatt
1 Suppenwürfel (pflanzlich)
Salz, Pfeffer

WEITERE GEWÜRZE:

z. B. Majoran, Thymian
Rosmarin, Kümmel
etwas Petersilie
2 EL Crème fraîche

1. *Kartoffeln schälen und in Würfel schneiden.*
2. *Karotte und Sellerie mit der Gemüsebürste gründlich waschen und ebenfalls würfelig schneiden. (Sellerie nur bei Bedarf schälen!)*
3. *Lauch gründlich waschen und in Ringe schneiden.*
4. *Zwiebel schälen, fein hacken und mit Öl in einem Topf anrösten.*
5. *Geschnittenes Gemüse kurz mitrösten, mit Wasser aufgießen und würzen.*
6. *Alles ca. 20 Minuten kochen lassen. Lorbeerblatt entfernen.*
7. *Suppe mit dem Mixstab pürieren und abschmecken.*
8. *Vor dem Servieren mit Crème fraîche und gehackter Petersilie garnieren.*

Tipp: Mit den Gewürzen kann der Suppe eine individuelle Note gegeben werden.

Notizen

Schwarzbrotsuppe (Fastensuppe)

ZUTATEN:

1 große Zwiebel
1–2 Knoblauchzehen
2 EL Öl

4 Scheiben Schwarzbrot
gut 1 Liter Gemüsesuppe (Würfelsuppe)
Salz, Pfeffer
Kümmel
Koriander, gemahlen

¼ Bund Petersilie
Brotwürfel als Einlage

1. *Zwiebel und Knoblauch schälen und hacken.*
2. *Schwarzbrot in Würfel schneiden.*
3. *Öl erhitzen, Zwiebel und Knoblauch darin anrösten. Schwarzbrotwürfel dazugeben und kurz mitrösten.*
4. *Mit Gemüsesuppe aufgießen, würzen und gut verkochen lassen.*
5. *Mit dem Mixstab pürieren.*
6. *Petersilie waschen, fein hacken, die angerichtete Suppe damit aufwerten und mit Brotwürfeln bestreuen.*

Tipp: Diese Suppe ist ein besonders geeignetes Gericht für den Familienfasttag oder die Karwoche. Eine Fastensuppe ist eine Speise ohne exklusive Zutaten.
Außerhalb der Fastenzeit Speck- oder Schinkenwürfel mitrösten.

Notizen

Spinatsuppe

ZUTATEN:

1 kleine Zwiebel
1 EL Butter
1 EL Vollkornmehl
¾ l Wasser

400 g passierter Spinat
1 Suppenwürfel (pflanzlich)
Salz
1 Msp. Pfeffer
1 Msp. Muskatnuss

1 Knoblauchzehe
1 TL Zitronensaft
4 EL Schlagobers

SUPPENEINLAGE:

1 TL Butter
1 Knoblauchzehe
2 EL Brotwürfel

1. *Zwiebel fein hacken und in heißer Butter anlaufen lassen.*
2. *Mit Mehl stauben, mit kaltem Wasser aufgießen und mit einer Schneerute verrühren.*
3. *Spinat zur Suppe geben, mit Suppenwürfel, Salz, Pfeffer und Muskatnuss würzen und verkochen lassen.*
4. *Knoblauchzehe in die Suppe pressen und Zitronensaft dazugeben.*
5. *Obers unterrühren und die Suppe abschmecken.*
6. *Butter in einer kleinen Kasserolle zergehen lassen, Knoblauch hineinpressen, die Brotwürfel darin anrösten und über die angerichtete Suppe streuen.*

Tipp: Für dieses Rezept eignet sich frischer Spinat oder Tiefkühlspinat.
Im Frühling frische Gartenkräuter dazugeben.
Spinatgericht nicht lange warm halten oder nochmals aufwärmen.

Notizen

Tomaten-Bohnen-Suppe (für 4–6 Personen)

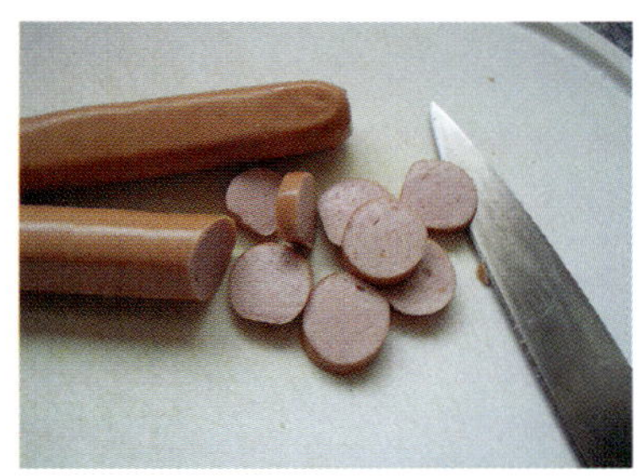

ZUTATEN:

1 mittelgroße Zwiebel
2 Zehen Knoblauch
2 EL Öl

500 ml passierte Tomaten
gut $^3/_4$ l Wasser
1–2 Suppenwürfel, pflanzl.
2 EL Tomatenmark
Salz, Pfeffer
1 Prise Zucker
$^1/_4$ TL Basilikum

50 g kleine Nudeln

100 g kleine weiße Bohnen
(aus der Dose)
2 Frankfurter Würstchen

Basilikum/Petersilie

1. *Zwiebel und Knoblauch schälen, beides kleinwürfelig schneiden und in heißem Öl anbraten.*
2. *Passierte Tomaten, Wasser sowie Gewürze dazugeben und aufkochen lassen.*
3. *Ca. 10 Minuten leicht kochen lassen. (Ab und zu umrühren!)*
4. *Nudeln dazugeben und 10 Min. leicht kochen, bis sie bissfest sind. (Ab und zu umrühren!)*
5. *Frankfurter Würstchen in dünne Scheiben schneiden, mit den Bohnen zur Suppe geben und weitere 3 bis 5 Minuten leicht kochen lassen.*
6. *Suppe abschmecken, anrichten und mit frischem Basilikum (oder gehackter Petersilie) garnieren.*

Tipp: Eine ideale Suppe, die sich gut für Gäste vorbereiten lässt. In den Sommermonaten frische Tomaten (blanchieren, Haut abziehen und in kleine Würfel schneiden) verwenden. Je nach Vorliebe kann man die Suppe noch mit klein geschnittenen Chilischoten oder Tabasco schärfen.

Notizen

Tomatensuppe

ZUTATEN:

1 kleines Stück Lauch (50 g)

1 kleine Zwiebel
1 große Karotte
1 EL Öl
1 EL Vollkornmehl

$\frac{1}{4}$ l passierte Tomaten (oder 4 Fleischtomaten kleinwürfelig schneiden)
$\frac{3}{4}$ l Wasser
1 Suppenwürfel (pflanzlich)
Salz, Pfeffer
$\frac{1}{16}$ l Schlagobers

GARNITUR:

2 EL Brotwürfel
1 TL Butter
oder:
2 EL Schlagobers
Basilikumblätter

1. *Lauch waschen und klein schneiden.*
2. *Zwiebel fein hacken.*
3. *Karotte waschen und in kleine Würfel schneiden.*
4. *Gemüse in Öl andünsten und mit Mehl stauben.*
5. *Mit kaltem Wasser aufgießen und die passierten Tomaten dazugeben.*
6. *Mit Suppenwürfel, Salz und Pfeffer würzen und noch etwa 20 Minuten leicht köcheln lassen.*
7. *Kurz vor dem Anrichten erst das Schlagobers unterrühren.*
8. *Butter in einer kleinen Kasserolle zergehen lassen, Brotwürfel darin anrösten und über die Suppe streuen oder mit Schlagobers und Basilikumblättern garnieren.*

Tipp: Die Suppe mit dem Mixstab pürieren und als Einlage gedünsteten Reis oder gekochte Nudeln nehmen.

Notizen

Ungarische Krautsuppe

ZUTATEN:

1 kleine Zwiebel
2 EL Öl
300 g Weißkraut

$\frac{1}{4}$ TL Paprikapulver
1 TL Essig
1 EL Mehl
gut $\frac{3}{4}$ l Wasser
Salz, Pfeffer, Kümmel
1–2 Suppenwürfel

2 mittlere Kartoffeln

GARNITUR:

4 TL Sauerrahm
$\frac{1}{3}$ Bund Petersilie

1. *Zwiebel schälen und fein hacken.*
2. *Beim Krautkopf die äußeren Blätter entfernen, Krautkopf fein nudelig schneiden oder hobeln.*
3. *Öl in einem Kochtopf erhitzen, Zwiebel darin anrösten, Kraut dazugeben und kurz mitrösten. Paprikapulver darüber streuen und mit Essig ablöschen.*
4. *Mit Mehl stauben, kurz rösten, mit Wasser aufgießen und würzen.*

5. *Ca. 10 Minuten leicht kochen.*
6. *Kartoffeln waschen, schälen, würfelig schneiden und zur Suppe geben. So lange kochen, bis die Kartoffeln weich sind (ca. 10 bis 15 Minuten).*
7. *Suppe anrichten, mit gehackter Petersilie aufwerten und garnieren.*

Tipp: Für eine deftige Suppe noch klein geschnittenes Selchfleisch oder Frankfurter in die Suppe geben.

Notizen

Zucchinicremesuppe

ZUTATEN:

1 kg Zucchini
$\frac{3}{4}$ l Gemüsebrühe
(Würfelsuppe)

1 Becher Crème fraîche
1 Zehe Knoblauch
Salz
Pfeffer
Muskatnuss

GARNITUR:

2 EL Crème fraîche
frische Kräuter der Saison

1. Zucchini gründlich mit der Gemüseputzbürste waschen. (Nicht schälen!)

2. Stängelansatz entfernen, der Länge nach halbieren (eventuell die Kerne entfernen) und in Würfel schneiden.

3. Zucchini in der Gemüsebrühe ca. 10 Min. weich kochen.

4. Mit dem Stabmixer pürieren. Crème fraîche dazugeben und Knoblauch hineinpressen. Suppe würzen und abschmecken.

5. Suppe anrichten und mit den angegebenen Zutaten beliebig garnieren.

Tipp: Zucchini sind sehr kalorienarm, leicht verdaulich und vielseitig zuzubereiten. Geröstete Schwarzbrotwürfel über die angerichtete Suppe streuen.

Notizen

Vegetarische Hauptspeisen

Fleischlose Gerichte müssen nicht fad schmecken. Sie garantieren durch die Vielfalt an Zubereitungsmöglichkeiten eine bunte Küche. Nudel-, Getreide- und Gemüsegerichte bringen Abwechslung in den Speisezettel und versorgen unseren Körper mit wertvollen Inhaltsstoffen.

Brokkoli mit Rahm-Brie

ZUTATEN:

4 große Kartoffeln

500 g Brokkoli

2 EL Olivenöl
200 g Rahm-Brie
Salz
Pfeffer
2 EL Mandelblättchen

FÜR DIE AUFLAUFFORM:

1 EL Butter

1. *Kartoffeln gründlich mit der Gemüseputzbürste waschen und dämpfen (eventuell im Dampfdruckkochtopf).*
2. *Brokkoli in Röschen teilen, gründlich waschen und in wenig Wasser ca. 10 Min. dünsten.*
3. *Kartoffeln schälen und blättrig schneiden.*
4. *Backrohr auf 200 °C Oberhitze vorheizen.*
5. *Boden einer Auflaufform leicht befetten.*
6. *Rahm-Brie in dünne Spalten schneiden.*
7. *Kartoffeln und Brokkoli in die Form schichten, mit Olivenöl leicht beträufeln und würzen. Mit Käsescheiben sowie Mandelblättchen bedecken.*

8. *Ca. 12 Min. gratinieren (= bei Oberhitze überbacken), bis der Käse schmilzt und leicht braun wird.*

Tipp: Anstelle von Brie kann man auch Camembert nehmen.
Messerklinge vor dem Schneiden des Käses anfeuchten, damit er nicht kleben bleibt.
In den Wintermonaten auf Tiefkühlbroccoli zurückgreifen.

Notizen

Bunter Paprikareis

ZUTATEN:

100 g Champignons
1 große Zwiebel
2 EL Öl

1 Tasse Langkornreis
2 Tassen Wasser
1/3 grüne Paprika
1/3 rote Paprika
1/3 gelbe Paprika

2 EL Tomatenmark
1 Suppenwürfel (pflanzlich)
Salz, Pfeffer
1/4 TL Paprikapulver

1/3 Bund Petersilie
(2 EL Parmesan)

1. *Champignons putzen, waschen und feinblättrig schneiden.*
2. *Zwiebel schälen, fein hacken, in heißem Öl goldgelb rösten. Champignons dazugeben und kurz mitrösten.*
3. *Reis hinzufügen und mit der doppelten Menge Wasser aufgießen.*
4. *Paprika waschen, Kerne und Stängelansatz entfernen, in feine Streifen oder kleinere Würfel schneiden und unterheben.*
5. *Tomatenmark untermischen. Mit Suppenwürfel, Salz, Pfeffer und Paprikapulver würzen.*
6. *Alles gut durchmischen, aufkochen lassen und bei schwacher Hitze ca. 30 Min. (mit Deckel) dünsten.*
7. *Vor dem Servieren mit gehackter Petersilie und/oder Parmesan bestreuen.*

Tipp: Es müssen nicht unbedingt drei verschiedene Paprikasorten sein.
Als Beilage eignen sich Blattsalate der Saison.

Notizen

Farfalle alla Primavera

ZUTATEN:

300 g Farfalle (Schmetterlingsnudeln)
1 EL Öl
1 TL Salz

4 Tomaten
250 g Mozzarella
2 EL Olivenöl

⅓ Bund Basilikum
1 TL Oregano
Salz

1. *Heißes Wasser in einem großen Topf zum Kochen bringen.*
2. *Öl, Salz und die Nudeln dazugeben und ohne Deckel „al dente" kochen (je nach Nudelsorte 8 bis 12 Min.).*
3. *In der Zwischenzeit Tomaten waschen, Stängelansatz entfernen und kleinwürfelig schneiden.*
4. *Mozzarella abseihen und würfelig schneiden.*
5. *Basilikum waschen, gut abtropfen lassen und fein hacken. (Einige Blätter für die Garnitur zur Seite geben!)*
6. *Nudeln abseihen.*
7. *Öl im Nudeltopf heiß werden lassen und die Nudeln hineingeben.*
8. *Tomaten und Mozzarella dazugeben, würzen und erwärmen, bis der Käse gerinnt.*
9. *Mit Basilikum garnieren und gleich servieren.*

Tipp: Es können verschiedene Nudelsorten verwendet werden. Frische Kräuter und Blattsalate der Saison (als Beilage) liefern wertvolle Vitamine und Mineralstoffe.

Notizen

Gemüsemuffins mit Tomatensauce

ZUTATEN:

150 g Nudeln
(Schmetterlingsnudeln, kleine Hörnchen ...)
Salz
1 EL Öl

200 g Gemüse
(frisch oder Tiefkühl-Mischgemüse)
1 Becher Crème fraîche
125 g Speisetopfen
2 Eier
2 EL Weizengrieß
Salz, Pfeffer
Muskatnuss
¼ Bund Petersilie

Butter/Brösel für die Form

TOMATENSAUCE:

1 EL Butter
1 EL Mehl
½ l passierte Tomaten
1 EL Tomatenmark
½ Suppenwürfel
Salz, Pfeffer
1 Lorbeerblatt
Basilikum
1 Prise Zucker

GARNITUR:

Kräuter, Parmesan

1. *Heißes Wasser in einem großen Topf (mit Deckel) zum Kochen bringen.*
2. *Öl, Salz und die Nudeln dazugeben und ohne Deckel bissfest/„al dente" kochen (je nach Nudelsorte 8 bis 12 Min.).*
3. *Nudeln abseihen, kalt abschrecken und gut abtropfen lassen.*
4. *Gemüse putzen, je nach Sorte evtl. schälen, in kleine Würfel schneiden, mit wenig Wasser ca. 10 Min. dünsten, kalt abschrecken und gut abtropfen lassen.*
5. *Muffinsformen gut befetten, mit Bröseln ausstreuen und Backrohr auf 180 °C Heißluft vorheizen.*
6. *Crème fraîche, Topfen, Eier, Grieß und Gewürze gut vermengen. Petersilie waschen, hacken und mit Nudeln und Gemüse untermischen.*
7. *Masse in die Formen aufteilen und ca. 20 Min. backen. Nach der Hälfte der Backzeit mit Alufolie abdecken.*
8. *Für die Sauce Butter zerlassen und Mehl darin kurz anrösten.*
9. *Mit passierten Tomaten aufgießen, gut mit einer Schneerute verrühren, mit den angegebenen Zutaten würzen und ein paar Minuten leicht verkochen lassen. Immer wieder umrühren, damit die Sauce nicht anbrennt.*
10. *Gemüsemuffins mit Tomatensauce anrichten und garnieren.*

Tipp: Die ganze Masse kann auch in einer Auflaufform gebacken werden (30 Minuten Backzeit).

Gemüsepalatschinken

ZUTATEN:

TEIG:

$^{3}/_{8}$ l Milch
180 g Vollkornmehl
Salz
1–2 Eier

Öl zum Backen

FÜLLE:

1 Zwiebel
2 Knoblauchzehen
2 EL Öl

250 g Karotten
100 g Erbsen (Tiefkühlerbsen)
100 g Champignons
Salz, Pfeffer
Basilikum, Thymian

ZUM ÜBERBACKEN:

100 g geriebener Käse
(Mozzarella, Gouda ...)
Paprikapulver

1. *Milch, Mehl und Salz mit der Schneerute glatt rühren. Eier hinzufügen, nochmals gut vermischen und den Teig 10 bis 15 Min. quellen lassen. (Der Teig soll in der Konsistenz so sein, dass er einen Löffelrücken überzieht!)*
2. *Pfanne erhitzen, einige Tropfen Öl hinein geben, einen Schöpfer Teig eingießen und durch Schwenken der Pfanne dünn verteilen. Teig auf der Unterseite goldgelb backen, umdrehen und zweite Seite backen.*
3. *Karotten waschen und grob raspeln.*
4. *Champignons putzen und blättrig schneiden.*
5. *Backrohr auf 180 °C Heißluft vorheizen.*
6. *Zwiebel und Knoblauch schälen, fein hacken und in Öl hellgelb anrösten.*
7. *Gemüse dazugeben und würzen.*
8. *5 bis 10 Min. (mit Deckel) auf kleiner Stufe dünsten.*
9. *Boden einer Auflaufform leicht befetten.*
10. *Palatschinken füllen, von allen vier Seiten einschlagen und in die Auflaufform legen.*
11. *Mit geriebenem Käse und etwas Paprikapulver bestreuen. Ca. 10 bis 15 Min. überbacken.*

Tipp: Palatschinken müssen nicht immer süß sein! Die Gemüsesorten für die Fülle nach persönlichen Vorlieben auswählen. Als Beilagen eignen sich Blattsalate der Saison sowie eine Kräuter- oder Knoblauchsauce.

Gemüseplatte mit Ei

ZUTATEN:

8 mittelgroße Kartoffeln
2 EL Butter
⅓ Bund Petersilie

1 kleine Rose Karfiol
Salz
1 EL Butter
2 EL Brösel

250 g Karotten
Salz
1 EL Wasser
1 EL Butter

150 g Erbsen (Tiefkühlerbsen)
Salz
1 EL Wasser

4 Eier
2 EL Öl
Salz, Pfeffer

GARNITUR:

Kräuter der Saison

1. *Kartoffeln mit der Gemüsebürste gründlich waschen und im Siebeinsatz dämpfen.*
2. *Karfiol waschen, in 4 Teile teilen, in wenig Salzwasser (mit Siebeinsatz) dämpfen.*
3. *Karotten waschen, schneiden und mit Wasser, Butter sowie Salz bei geringer Hitze weich dünsten.*
4. *Tiefkühlerbsen in wenig Salzwasser dünsten.*
5. *Für die Kartoffeln Butter in einer Pfanne zerlassen, Kartoffeln schälen, vierteln, anbraten und salzen. Mit gehackter Petersilie bestreuen.*
6. *Für den Karfiol Butter zerlassen, Brösel darin kurz anrösten.*
7. *Für die Spiegeleier Öl in einer Bratpfanne erhitzen. Eier vorsichtig hineinschlagen, würzen und beidseitig langsam braten.*
8. *Gemüse und Spiegelei anrichten und mit frischen Kräutern garnieren.*

Tipp: Je nach Angebot und Saison können für die Gemüseplatte verschiedene Gemüsesorten gewählt werden (z. B. Broccoli, grüne Bohnen, Fenchel, Kohlrabi usw.).
Das Gemüse so kurz wie notwendig dämpfen bzw. dünsten, damit die wertvollen Inhaltsstoffe sowie die Farbstoffe erhalten bleiben.

Gemüsestäbchen mit Gurkensauce

ZUTATEN:

200 g Zucchini
200 g Karotten
2 Eier
3 EL Weizenmehl
6 EL Semmelbrösel
Salz, Pfeffer
2 Knoblauchzehen

PANIER:

4 EL Mehl
2 Eier
5 EL Brösel
5 EL Sesam
gut 1/8 l Öl zum Braten

GURKENSAUCE:

1/2 Salatgurke
1/4 l Joghurt
Salz, Pfeffer
2 Knoblauchzehen

ZUM ANRICHTEN:

1 Zucchini
1 Karotte

1. *Zucchini und Karotten mit der Gemüseputzbürste gründlich waschen.*
2. *Zucchini mit der Gemüsereibe grob und Karotten fein raspeln.*
3. *Geraspeltes Gemüse mit Eiern, Mehl und Bröseln vermischen. Knoblauch dazupressen und würzen.*
4. *Brett bemehlen und aus der Masse etwa 16 gleich große Stäbchen formen.*
5. *Eier verquirlen, Brösel und Sesam mischen. Stäbchen zuerst in Ei und dann im Brösel-Sesam-Gemisch wälzen.*
6. *Öl (gut bodenbedeckt) in einer Pfanne erhitzen. Stäbchen beidseitig goldbraun braten. (Stäbchen warm stellen, bis alle fertig gebraten sind.)*
7. *Gurkensauce: Salatgurke gründlich waschen, grob raspeln und leicht ausdrücken.*
8. *Joghurt und Gewürze dazugeben, Knoblauch hineinpressen und alles gut vermischen.*

Tipp: Mit Hilfe von Ausstechern die Masse verschiedenartig formen. Fett nicht überhitzen!

Notizen

Gemüsestrudel

ZUTATEN:

TEIG:

200 g glattes Mehl
½ TL Salz
½ TL Essig
2 EL Öl
knapp ⅛ l lauwarmes Wasser
Öl zum Bestreichen

FÜLLE:

750 g Gemüse der Saison
(oder Tiefkühlgemüse)

1 EL Öl
1 große Zwiebel
100 g Champignons

1 Becher Crème fraîche
⅓ Bund Petersilie
200 g Käse (gerieben)
Salz, Pfeffer

Tipp: Blattsalate der Saison sowie eine Kräutersauce als Beilage/n reichen. Wenn es schnell gehen sollte, einen Fertigstrudelteig verwenden.

Teig:

1. *Mehl Salz, Essig, Öl und Wasser in eine Rührschüssel geben.*
2. *Mit den Knethaken den Teig so lange kneten, bis er weich und seidig glatt ist.*
3. *Aus dem Teig mit den Händen eine glatte Kugel formen, mit Öl bestreichen und zugedeckt eine halbe Stunde rasten lassen.*

Fülle:

1. *Gemüse je nach Sorte putzen, waschen und kleinwürfelig schneiden bzw. zerteilen.*
2. *Gemüse ca. 5 Minuten mit wenig Wasser dünsten.*
3. *Zwiebel fein hacken, Champignons putzen und blättrig schneiden.*
4. *Öl langsam erhitzen, Zwiebel darin anrösten, Champignons dazugeben und kurz mitrösten.*
5. *Petersilie waschen und hacken.*
6. *Alle Zutaten der Fülle (von Gemüse bis Käse) vorsichtig mischen und würzen.*

Fertigstellung:

1. *Backrohr auf 180 °C Heißluft vorheizen. Backblech mit Backtrennpapier auslegen.*
2. *Strudeltuch leicht bemehlen und die Teigkugel in die Mitte geben. Teig ausrollen und nochmals leicht mit Öl bestreichen.*
3. *Strudelteig dünn ausziehen.*
4. *Drei Viertel des Teiges mit der Fülle belegen, frei bleibende Flächen nochmals mit etwas Öl bestreichen. Strudelseiten einschlagen und Füllung mittels Strudeltuch einrollen.*
5. *Strudel mit dem Tuch aufs Blech heben, wobei die Ränder auf der Unterseite sein sollten. Leicht mit Öl bestreichen und ca. 30 bis 35 Min. backen.*

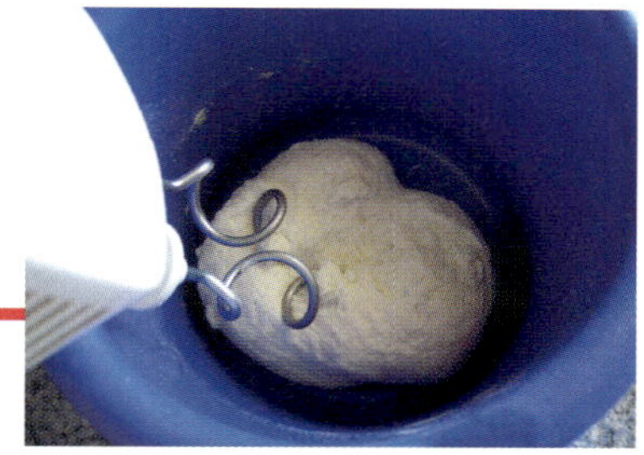
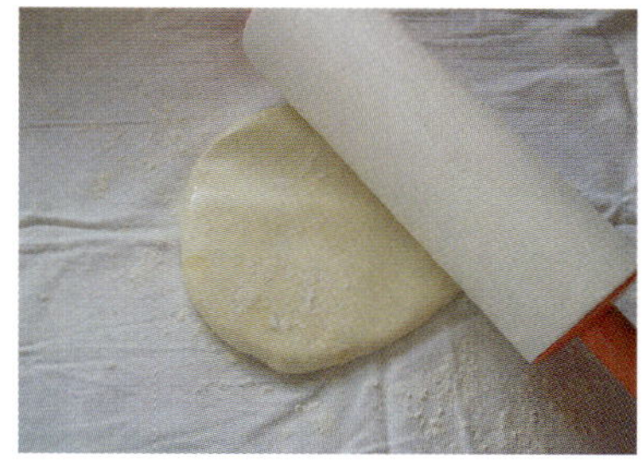
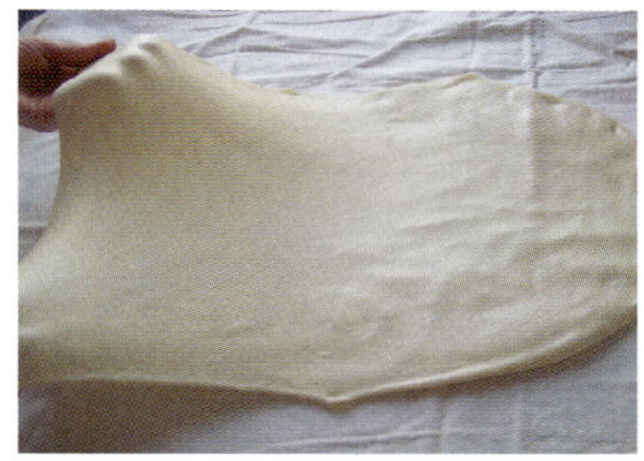

Getreidelaibchen mit Schnittlauchsauce

ZUTATEN:

120 g Dinkelkörner (Gerste/Grünkern)
gut 1/4 l Wasser
1 Gemüsebrühwürfel
1 Lorbeerblatt

1 kleine Zwiebel
1/3 Bund Petersilie
5 EL Brösel
1 EL Sesam
100 g ger. Käse
2–3 Eier
Salz, Pfeffer, Majoran

ZUM FORMEN:

4 EL Brösel
2 EL Sesam
Öl zum Braten

SCHNITTLAUCH-SAUCE:

1/8 l Naturjoghurt
1/8 l Sauerrahm
1/2 Bund Schnittlauch
Salz
1 Knoblauchzehe

1. *Getreide mit der Getreidemühle grob schroten.*
2. *Wasser mit Gemüsebrühwürfel und Lorbeerblatt zum Kochen bringen. Das geschrotete Getreide einstreuen, gut umrühren und bei kleiner Hitze ca. 20 Min. ausquellen lassen.*
3. *Lorbeerblatt entfernen und die Masse überkühlen lassen.*
4. *In der Zwischenzeit Zwiebel und Petersilie fein hacken.*
5. *Alle Zutaten (Zwiebel, Petersilie, Brösel, Sesam, Käse, Eier) unter die Getreidemasse mengen und würzen.*
6. *Mit Hilfe eines Kreisausstechers Laibchen formen und im Brösel-Sesam-Gemisch wenden.*
7. *Öl in einer Bratpfanne vorsichtig erhitzen und die Laibchen beidseitig goldgelb braten.*
8. *Für die Sauce Schnittlauch waschen, fein schneiden, mit den angegebenen Zutaten vermengen und abschmecken.*

Tipp: Als Beilage frisches Gemüse und/oder Blattsalate der Saison servieren. Wenn man keine Getreidemühle besitzt, bereits geschrotetes Getreide kaufen.

Grünes Risotto

ZUTATEN:

1 kleine Zwiebel
2 EL Öl
200 g Risottoreis
$\frac{3}{4}$ l Gemüsesuppe

100 g Champignons
1 kleine Zucchini
50 g Lauch
50 g Tiefkühlerbsen

1 EL Tomatenmark
$\frac{1}{4}$ TL Thymian
$\frac{1}{4}$ TL Rosmarin
Salz, Pfeffer
2 EL Parmesan

ZUM BESTREUEN:

2 EL Parmesan
frische Kräuter

1. *Zwiebel schälen und würfelig schneiden.*
2. *Öl in einem Topf erhitzen, Zwiebel anrösten, Reis dazugeben und kurz mitrösten. Mit ca. der Hälfte der Gemüsesuppe aufgießen.*
3. *Aufkochen lassen, immer wieder umrühren, Suppe nach und nach dazuschütten und bei schwacher Hitze ca. 20 Min. ausquellen lassen.*
4. *Champignons, Zucchini sowie Lauch waschen und fein blättrig bzw. ringelig schneiden.*
5. *Geschnittenes Gemüse sowie die Erbsen dazugeben. Tomatenmark und die angegebenen Gewürze hinzufügen. Noch weitere 15 bis 20 Min. dünsten lassen.*
6. *Parmesan unter den fertigen Reis mischen, abschmecken, anrichten, mit Parmesan bestreuen und mit frischen Kräutern garnieren.*

Tipp: Es können auch andere Gemüsesorten (Paprika, Tomaten, Spargel ...) verwendet werden. Den Reis während der gesamten Zubereitung immer wieder umrühren, damit er nicht anbrennt.

Notizen

Hirselaibchen mit Kräutersauce

ZUTATEN:

300 ml klare Gemüsesuppe (ersatzweise Würfelsuppe, pflanzlich)
250 g Balkangemüse oder Mischgemüse
120 g Hirse
3 Eier
5 EL Semmelbrösel
Kräutersalz

ZUM BRATEN:

3–4 EL Öl

KRÄUTERSAUCE:

1/8 l Sauerrahm
1/8 l Joghurt
1/2 Bund Schnittlauch (Kräuter der Saison)
1 Knoblauchzehe
Kräutersalz

1. *Hirse in ein feines Sieb geben, mit heißem Wasser abschwemmen und gut abtropfen lassen.*
2. *Gemüsesuppe mit dem Tiefkühlgemüse aufkochen, Hirse dazuschütten und bei geringer Hitze ca. 25 Min. dünsten lassen (Deckel geschlossen halten).*
3. *Hirsemasse in eine Rührschüssel geben und abkühlen lassen.*
4. *Eier, Brösel und Kräutersalz dazugeben und alles gut vermischen.*
5. *Etwas Öl in einer Bratpfanne vorsichtig erhitzen, 2–3 Esslöffel von der Masse in die Pfanne geben, zu Laibchen formen und auf jeder Seite ca. 3 bis 4 Minuten braten.*
6. *Im Backrohr zugedeckt bei 70 °C warm halten, bis alle Laibchen fertig sind.*

Für die Kräutersauce:

Schnittlauch schneiden, Knoblauch pressen, alle Zutaten vermengen und abschmecken.

Notizen

Tipp: Hirse enthält wertvolle Mineralstoffe.
Das Gemüse kann je nach Vorliebe geändert werden.

Italienischer Zartweizen-Topf

ZUTATEN:

1 kleine Zwiebel
1 Knoblauchzehe
2 EL ÖL

200 g Zartweizen
$\frac{1}{2}$ l Gemüsesuppe
$\frac{1}{4}$ l Tomatensaft (oder passierte Tomaten)

2 kleine Zucchini
1 kl. Pkg. Mozzarella (125 g)
1 EL Basilikum, gehackt
Salz, Pfeffer

GARNITUR:

Basilikumblätter
(2 Tomaten)

1. Zwiebel und Knoblauch schälen und fein hacken.

2. Öl in einem Topf vorsichtig erhitzen, Zwiebel und Knoblauch darin hell anrösten.

3. Zartweizen dazugeben, kurz mitdünsten und mit Gemüsesuppe und Tomatensaft aufgießen.

4. Einmal aufkochen lassen und bei mittlerer Hitze zugedeckt ca. 10 Minuten leicht köcheln lassen.

5. Inzwischen die Zucchini waschen, der Länge nach vierteln, Kerne mit einem Schrägschnitt entfernen und in kleine Würfel schneiden.

6. Zucchini zum Zartweizen-Topf geben und zugedeckt ca. 10 bis 12 Min. dünsten.

7. Kurz vor Ende der Garzeit Mozzarella in kleine Würfel schneiden und mit dem Basilikum unter den Zartweizen-Topf mischen.

8. Mit Salz und Pfeffer abschmecken und mit frischen Basilikumblättern (sowie Tomatenscheiben) garnieren.

Tipp: Als Beilage Blattsalate der Saison servieren.

Notizen

Kärntner Käsnudeln (für 6–8 Personen)

ZUTATEN:

FÜLLE:

500 g kleine Kartoffeln
500 g Bröseltopfen
1 TL Salz
1–2 Knoblauchzehen
1 TL Kerbel
1 TL Nudelminze
$\frac{1}{2}$ Bund Schnittlauch, fein geschnitten
(eventuell etwas Porree)

TEIG:

500 g glattes Mehl
1 TL Salz
2 Eier
1 EL Öl
$\frac{1}{8}$–$\frac{1}{4}$ l lauwarmes Wasser

Mehl zum Ausarbeiten

ZUM ANRICHTEN:

150 g Butter, zerlassen
$\frac{1}{2}$ Bund Schnittlauch

Fülle:

1. *Kartoffeln waschen und im Dampfdruckkochtopf ca. 8 Minuten dämpfen.*
2. *Noch heiß schälen, passieren und mit den anderen Zutaten gut vermengen, abschmecken und Bällchen formen.*

Nudelteig:

1. *Mehl auf ein Nudelbrett oder in eine Rührschüssel geben, in der Mitte eine Grube machen, Salz, Eier, Öl und Wasser dazugeben.*
2. *Entweder mit den Händen oder der Küchenmaschine (Knethaken) zu einem glatten Nudelteig verkneten.*

Fertigstellung:

1. *Teig dritteln und portionsweise messerrückendick auswalken.*
2. *Teigbällchen darauf legen, mit Teig überschlagen, diesen rundherum fest andrücken, ausradeln oder ausstechen.*
3. *Rand nochmals zusammendrücken und eventuell „krendeln".*

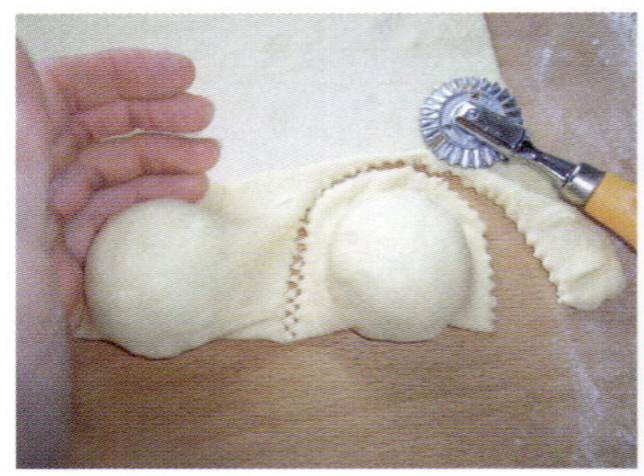

4. *In einer kleinen Kasserolle die Butter langsam erhitzen. Schnittlauch waschen und schneiden.*
5. *In einer großen Kasserolle Salzwasser zum Kochen bringen und die Käsnudeln darin ca. 10 Minuten leicht kochen lassen (ohne Deckel!).*
6. *Käsnudeln anrichten, mit heißer Butter übergießen und mit Schnittlauchröllchen bestreuen.*

Tipp: Käsnudeln sind weit über die Kärntner Grenzen hinaus beliebt. Gekochte Käsnudeln eignen sich gut zum Einfrieren (kurz antauen, aufschneiden und in heißer Butter abrösten).

Karotten-Mais-Laibchen

ZUTATEN:

½ Zwiebel
1 große Karotte
2 Eier
2 EL Maismehl
(feiner Polentagrieß)
3 EL Vollkornmehl
120 g Maiskörner

¼ TL Korianderpulver
1 EL gehackte Petersilie
Salz, Pfeffer

2 EL Öl zum Braten

1. *Zwiebel schälen und klein würfelig schneiden.*
2. *Karotte waschen und raspeln.*
3. *Eier mit Mais- und Vollkornmehl verrühren, sämtliche Zutaten dazugeben und die Masse würzen.*
4. *Wenig Öl in einer Pfanne vorsichtig erhitzen und den Teig löffelweise hineingeben.*
5. *Masse etwas flachdrücken und Laibchen auf beiden Seiten langsam goldbraun backen.*
6. *Laibchen warm stellen (Backrohr 70 °C), bis alle fertig gebacken sind, anrichten und garnieren.*

Tipp: Als Beilage/n eine Kräuter- oder Knoblauchsauce sowie Gemüse oder Salate der Saison servieren.

Lauch-Mais-Laibchen

ZUTATEN:

Anstelle der Karotte:
½ Stange Lauch
(ca. 100 g)

Gleiche Zubereitung wie oben beschrieben:

Den Lauch halbieren, gut waschen und fein schneiden.

Kartoffelgulasch

ZUTATEN:

600 g Kartoffeln
2 mittlere Zwiebeln
2 EL Öl
1 EL Paprikapulver
1 EL Essig
½ l Wasser
2 EL Tomatenmark
1 Lorbeerblatt
1 Suppenwürfel (pflanzlich)
Salz, Pfeffer, Kümmel
Majoran, Thymian

⅛ l Sauerrahm
1 EL glattes Mehl

⅓ Bund Petersilie

1. *Kartoffeln schälen und würfelig schneiden. Zwiebeln schälen und fein schneiden.*
2. *Öl erhitzen und die Zwiebeln darin anrösten. Paprika zugeben, kurz mitrösten, mit Essig löschen und mit Wasser aufgießen.*
3. *Würfelig geschnittene Kartoffeln, Tomatenmark und die Gewürze dazugeben.*
4. *Ca. 20 Min. zugedeckt weich dünsten. Lorbeerblatt entfernen.*
5. *Petersilie waschen und hacken.*
6. *Mehl und Sauerrahm glatt verrühren, zum Gulasch geben und nochmals kurz aufkochen lassen. Abschmecken, anrichten und mit gehackter Petersilie bestreuen.*

Tipp: Kurz vor Garende können noch in Scheiben geschnittene Frankfurter (oder Braunschweiger) dazugegeben werden.
Fest kochende (speckige) Kartoffeln verwenden, denn diese zerfallen nicht so leicht.

Notizen

Kartoffelpuffer

ZUTATEN:

500 g Kartoffeln
80 g Lauch (Porree)
2 Eier
4 EL Mehl
Salz
1 Zehe Knoblauch, gepresst

2–4 EL Öl zum Braten

1. *Lauch putzen, der Länge nach halbieren, waschen und in dünne Streifen schneiden.*
2. *Kartoffeln schälen. Die Hälfte davon grob und die andere Hälfte fein reiben.*
3. *Kartoffelmasse in einem feinen Sieb abtropfen lassen.*
4. *Alle Zutaten (außer Öl) in einer Rührschüssel gut vermengen.*
5. *In einer Bratpfanne Öl heiß werden lassen, vier gehäufte Esslöffel Teig in die Pfanne geben und flach drücken. Puffer von jeder Seite ungefähr drei bis vier Minuten knusprig braun braten.*
6. *Gebratene Puffer warm stellen (Backrohr auf 50 °C vorwärmen!), bis alle fertig sind, danach gleich servieren.*

Tipp: Kartoffelpuffer schmecken als Hauptspeise mit Salat und als Beilage zu Fleischgerichten. Einen Kräuterdip sowie frisches Gemüse der Saison dazu servieren.

Notizen

Kartoffelscheiben mit Käsecreme

ZUTATEN:

750 g große Kartoffeln
2 EL Olivenöl
Kräutersalz

CREME:

⅓ Bund Schnittlauch
1–2 Knoblauchzehen
125 g Topfen (20 %)
(= ½ Packung)
100 g Käse, gerieben
Kräutersalz
Paprikapulver

Backpapier für das Blech

1. *Backrohr auf 180 °C Heißluft vorheizen. Backblech mit Backtrennpapier auslegen.*
2. *Kartoffeln schälen und in 1 cm dicke Scheiben schneiden.*
3. *Kartoffelscheiben aufs Backblech legen. Oberseite mit Olivenöl bepinseln und mit Kräutersalz bestreuen.*
4. *Kartoffelscheiben ca. 15 Min. vorbacken.*
5. *Schnittlauch fein schneiden. Knoblauch pressen.*
6. *Sämtliche Zutaten für die Creme verrühren.*
7. *Kartoffeln aus dem Ofen nehmen. Auf jede Scheibe mit zwei Kaffeelöffeln ein Häufchen Käsecreme setzen und nochmals 10 Minuten im heißen Rohr überbacken.*
8. *Vor dem Servieren mit Paprikapulver bestreuen.*

Tipp: Zum Überbacken eignen sich die verschiedensten Käsesorten. Dieses Gericht passt auch gut als Beilage zu Fleischgerichten.

Notizen

Käsespätzle

ZUTATEN:

300 g Mehl
(Weizenvollkornmehl)
Salz
2 Eier
knapp ¼ l Milch

2 EL Öl
1 Zwiebel

200 g würziger Käse,
gerieben (Bergkäse ...)
Salz
Pfeffer
Paprikapulver

⅓ Bd. Schnittlauch

1. *Wasser in einer großen Kasserolle zum Kochen bringen und salzen.*
2. *Mehl, Salz, Eier und Milch in einer Rührschüssel zu einem glatten Teig verrühren.*
3. *Teig durch ein Spätzlesieb (oder mit dem Spätzlehobel) ins kochende Wasser streichen und umrühren, damit die Spätzle nicht zusammenkleben.*
4. *Spätzle ca. 3 Min. leicht kochen lassen, abseihen und kurz mit heißem Wasser abschwemmen.*
5. *Zwiebel schälen und ringelig schneiden.*
6. *Öl heiß werden lassen, Zwiebel darin anrösten, Spätzle dazugeben, mit Käse bestreuen, würzen und auf mittlerer Stufe so lange erhitzen, bis der Käse geschmolzen ist.*
7. *Schnittlauch waschen, fein schneiden und die angerichteten Spätzle damit bestreuen.*

Tipp: Den Teig sofort einkochen, er soll nicht stehen, sonst wird er zäh.
Die Spätzle abwechselnd mit Käse in eine Auflaufform schichten, mit gerösteten Zwiebeln bedecken und im Rohr überbacken.

Notizen

Krautfleckerln

ZUTATEN:

1 Zwiebel
2 EL Öl
1 EL Kristallzucker

600 g Weißkraut
1 Knoblauchzehe
gut ⅛ l Würfelsuppe
Salz, Pfeffer
Kümmel
Paprikapulver

200 g Fleckerln
Salz

⅓ Bund Petersilie

1. *Zwiebel schälen und kleinwürfelig schneiden.*
2. *Äußere Krautkopfblätter entfernen, den Strunk ausschneiden und den Krautkopf fein schneiden oder hobeln.*
3. *In einer Kasserolle Öl erhitzen, Zwiebel goldgelb anrösten, Zucker hinzufügen und beides bräunen.*
4. *Kraut dazugeben, Knoblauch hineinpressen und beides kurz mitrösten.*
5. *Kraut mit Suppe aufgießen, würzen und ca. 20 Minuten dünsten lassen.*
6. *Wasser zum Kochen bringen, salzen und die Fleckerln darin bissfest kochen.*
7. *Petersilie waschen und hacken.*
8. *Fleckerln abseihen, mit dem gedünsteten Kraut vermengen, abschmecken und mit Petersilie bestreuen.*

Tipp: Das Gericht wird herzhafter, wenn 50 g kleinwürfelig geschnittener Speck mitgeröstet wird.

Notizen

Letscho mit Kartoffeln

ZUTATEN:

8 mittelgroße Kartoffeln
½ Bund Petersilie
2 EL Butter
Salz

LETSCHO:

1 grüne Paprika
1 rote Paprika
1 gelbe Paprika
2 Fleischtomaten
2 Zucchini
2 große Zwiebeln
3 EL Öl
⅛ l Gemüsesuppe
Salz, Pfeffer
Paprika- oder Chilipulver
2 Knoblauchzehen
4 EL Tomatenmark

⅓ Bd. Schnittlauch

1. *Kartoffeln in wenig Wasser dämpfen (ca. 30 Minuten).*
2. *Petersilie fein hacken.*
3. *Kartoffeln abseihen, schälen und vierteln.*
4. *Butter in einer Pfanne erwärmen, die Kartoffeln dazugeben und schwenken.*
5. *Kurz vor dem Anrichten mit Petersilie bestreuen und salzen.*

Letscho:

1. *Paprika waschen, vierteln, entkernen und in Streifen schneiden.*
2. *Tomaten waschen, Stängelansatz entfernen und würfelig schneiden.*
3. *Zucchini waschen, halbieren und in feine Scheiben schneiden.*
4. *Zwiebeln schälen, halbieren und in dünne Scheiben schneiden.*
5. *Öl erhitzen, Zwiebeln anrösten, Gemüse dazugeben und mitrösten.*
6. *Mit Suppe aufgießen, würzen und ca. 10 Min. dünsten.*
7. *Tomatenmark untermischen, abschmecken, anrichten und mit Schnittlauchröllchen bestreuen.*

Tipp: Letscho eignet sich gut als Beilage zu gegrilltem Fleisch.

Polenta-Zucchini-Schnitte

ZUTATEN:

¼ l Wasser
⅛ l Milch
140 g Maismehl (feinster Polentagrieß)
1 EL Öl
1 Msp. Muskatnuss
Salz

1 große Zwiebel
1 Knoblauchzehe
2 EL Öl
2 kleine Zucchini
2–3 Tomaten
Salz, Pfeffer
1 TL Oregano
1 EL Paprikapulver
1 EL Zitronensaft

1 Becher Crème fraîche
150 g Käse, gerieben

ZUM BEFETTEN:

1 EL Öl

1. *Wasser, Milch, Öl, Muskatnuss und Salz in einem Kochtopf erhitzen. Maisgrieß einlaufen lassen und so lange rühren, bis die Masse fest wird.*
2. *Auflaufform befetten.*
3. *Polentamasse in der Auflaufform verteilen.*
4. *Zwiebel und Knoblauch schälen und kleinwürfelig schneiden.*
5. *Zucchini und Tomaten waschen und in dünne Scheiben bzw. kleine Würfel schneiden.*
6. *Backrohr auf 180 °C Heißluft vorheizen.*
7. *Öl in einer Pfanne erhitzen, Zwiebel und Knoblauch anrösten.*
8. *Zucchini, Tomaten und Gewürze hinzufügen und etwa 5 Min. dünsten.*
9. *Crème fraîche unterrühren und pikant abschmecken.*
10. *Gemüse auf der Polentamasse verteilen und mit Käse bestreuen.*
    Ca. 20 bis 25 Min. backen.

Tipp: Für den Belag können auch andere Gemüsesorten wie z. B. Paprika, Broccoliröschen, Champignons ... genommen werden.
Wer auf Fleisch nicht ganz verzichten möchte, kann klein geschnittene Schinken- oder Salamiwürfel untermischen.

Schwammerlgulasch

ZUTATEN:

800 g Eierschwammerln
(ersatzweise Champignons)
1 große Zwiebel
1 Zehe Knoblauch
3 EL Öl
1 TL Paprikapulver
1 TL Essig
gut ⅛ Liter Würfelsuppe
Salz
Pfeffer
1 EL Ketchup

⅛ l Sauerrahm
1 EL Mehl

½ Bd. Petersilie

1. Eierschwammerln putzen und ganz kurz in einem Sieb waschen.

2. Je nach Größe halbieren oder grobblättrig schneiden.

3. Zwiebel und Knoblauch schälen und beides fein hacken.

4. Öl in einer Pfanne erhitzen. Zwiebel- und Knoblauchstücke darin anbraten.

5. Geschnittene Eierschwammerln dazugeben und kurz mitrösten.

6. Paprikapulver darüber streuen, kurz mitrösten und mit Essig ablöschen.

7. Mit Würfelsuppe aufgießen, würzen und etwa 10 bis 15 Min. dünsten lassen.

8. Sauerrahm und Mehl gut verrühren, dazugeben und nochmals kurz aufkochen lassen.

9. Petersilie waschen, fein hacken und darüber streuen.

Tipp: Pilzgerichte gleich servieren und nicht lange warm halten.
Als Beilage eignen sich Petersilienkartoffeln oder Semmelknödel.

Notizen

Spaghetti mit Tomatensauce

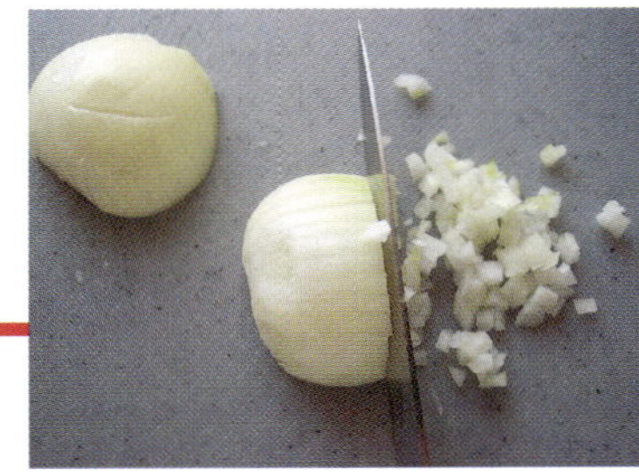

ZUTATEN:

1 Zwiebel
2 EL Öl
2 EL Vollkornmehl
⅛ l Wasser
½ l passierte Tomaten
(500 g reife Tomaten)

Salz, Pfeffer
1 Prise Zucker
1 Lorbeerblatt
½ TL Basilikum
½ Suppenwürfel (pflanzlich)
2 EL Tomatenmark

300 g Spaghetti
(Vollkornspaghetti)
Salz
1 EL Öl

GARNITUR:

Basilikum

1. Zwiebel schälen und kleinwürfelig schneiden.

2. Zwiebelstücke in heißem Öl goldgelb anlaufen lassen. Mehl dazugeben und kurz mitrösten.

3. Mit kaltem Wasser und passierten Tomaten aufgießen. Mit einer Schneerute so lange rühren, bis die Sauce aufkocht.

4. Sauce würzen und auf kleiner Stufe ca. 10 Min. leicht kochen lassen. Vor dem Servieren das Lorbeerblatt entfernen und die Sauce nochmals abschmecken.

5. Wasser in einem großen Kochtopf (mit Deckel) zum Kochen bringen. Salz und Öl hinzufügen und die Spaghetti darin ca. 10 Min. „al dente" kochen (ohne Deckel!).

6. Nudeln abseihen, mit heißem Wasser abschwemmen und bis zum Anrichten warm stellen.

7. Basilikum waschen, hacken und über die Sauce streuen.

Tipp: Wenn frische Tomaten verwendet werden, diese zuerst blanchieren (Blütenansatz herausschneiden und für 2–3 Min. ins kochende Wasser geben), Haut abziehen und passieren. Eventuell die Sauce mit dem Mixstab fein pürieren.

Notizen

Spaghetti mit Zucchini-Curry-Sauce

ZUTATEN:

400 g Spaghetti
(Vollkornspaghetti)
Salz
1 EL Öl

3 Stück Zucchini (ca. 600 g)
2 Knoblauchzehen
2 EL Olivenöl
1 TL Currypulver
Salz, Pfeffer

⅛ l Schlagobers

ZUM GARNIEREN:

Zucchinistifte

1. *Wasser in einem großen Kochtopf (mit Deckel) zum Kochen bringen. Salz und Öl hinzufügen und die Spaghetti darin ca. 10 Min. „al dente“ kochen (ohne Deckel!).*
2. *Nudeln abseihen, mit heißem Wasser abschwemmen und bis zum Anrichten warm stellen.*
3. *Zucchini gründlich waschen und Stängelansätze entfernen.*
4. *Zucchini mit der Gemüsereibe grob raspeln.*
5. *Knoblauch schälen und fein hacken.*
6. *In einer Pfanne Olivenöl erhitzen, Knoblauch kurz anschwitzen, Zucchini dazugeben und würzen.*
7. *Ein paar Minuten dünsten lassen, mit Schlagobers aufgießen und einmal aufkochen lassen.*
8. *Nudeln mit Sauce anrichten und garnieren.*

Tipp: Zucchini sind vitamin- und mineralstoffreich und unterstützen die Stoffwechselprozesse im Körper. Daher nur kurz dünsten, damit die wertvollen Inhaltsstoffe erhalten bleiben.

Notizen

Türkensterz

ZUTATEN:

$\frac{3}{4}$ l Wasser
$\frac{1}{2}$ TL Salz
400 g Maisgrieß

80 g Butter

1. Wasser zum Kochen bringen (mit Deckel) und salzen.

2. Maisgrieß ins kochende Wasser einlaufen lassen. (Vorsicht: Es kann spritzen!) Kochplatte auf die kleinste Stufe zurückschalten.

3. Sterz ca. $\frac{1}{2}$ Stunde ausdünsten lassen, ab und zu mit einer Gabel umrühren.

4. Butter langsam zerlassen und kurz vor dem Anrichten über den Sterz gießen und gut vermengen (abschmalzen).

Hadnsterz (für 4–6 Personen)

ZUTATEN:

400 g Heidenmehl (Buchweizenmehl)
$\frac{1}{2}$ l Wasser
$\frac{1}{2}$ TL Salz

80 g Butter

1. Heidenmehl auf kleiner Stufe trocken rösten (= linden).

2. Wasser zum Kochen bringen und salzen. Heidenmehl mit dem kochenden Wasser aufgießen und gut verrühren. (Vorsicht: Spritzgefahr!)

3. Platte auf kleine Stufe zurückschalten, ca. 25 Min. ausdünsten lassen und ab und zu mit einer Gabel auflockern.

4. Butter langsam zerlassen und den Sterz damit abschmalzen.

Tipp: Zum Sterz serviert man warme Milch, Milchkaffee oder Buttermilch.

Hauptspeisen mit Fleisch, Fisch, Schinken

*Qualitätsfleisch
aus artgerechter Tierhaltung
bevorzugen.*

*Sachgemäße Lagerung
und hygienische Zubereitung
garantieren
schmackhafte Gerichte.*

Asiatisches Pfannengericht

ZUTATEN:

⅓ Stange Lauch
100 g Champignons
2 große Karotten
(1 kleine Zucchini)
100 g Bambussprossen
(aus dem Glas)

4 EL Öl
400 g Schweinefilet
(ersatzweise Puten- oder Hühnerfleisch)
Salz, Pfeffer
Paprikapulver
Koriander, gemahlen
Chilipulver
(1 TL Chinagewürz)
⅛ l Gemüsesuppe

2 EL Sojasauce
⅛ l Wasser
1 EL Maizena
⅓ Bd. Schnittlauch

1. Lauch halbieren, gründlich waschen und ringelig schneiden.

2. Champignons waschen und in Scheiben schneiden.

3. Karotten (evtl. noch Zucchini) waschen, der Länge nach vierteln und in feine Scheiben schneiden.

4. Sprossen abseihen.

5. Fleisch in Streifen oder kleine Würfel schneiden.

6. Öl in einer Pfanne erhitzen, Fleisch rasch von allen Seiten gut anbraten und würzen.

7. Vorbereitetes Gemüse und Bambussprossen dazugeben, kurz mitrösten, mit Suppe aufgießen und ca. 5 Min. dünsten lassen.

8. Sojasauce, Wasser und Maizena glatt rühren, dazuschütten und nochmals aufkochen.

9. Schnittlauch waschen, fein schneiden und über das Gericht streuen.

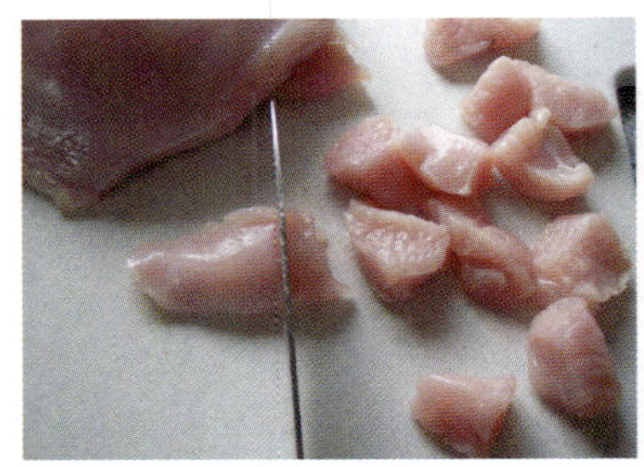

Tipp: Als Beilage Reis servieren.
Dieses Gericht kann auch mit Puten- oder Hühnerfleisch zubereitet werden.
Die Hygieneregeln bei der Fleischzubereitung unbedingt einhalten.

Notizen

Bandnudeln Alfredo

ZUTATEN:

300 g Bandnudeln
Salz
1 EL Öl

1 Zwiebel
500 g Suppengrün
(Lauch, Karotten, Sellerie ...)
3 EL Olivenöl
200 g Schinken
1/8 l Würfelsuppe
1/8 l Schlagobers
Salz, Pfeffer
4 EL Parmesan

1/4 Bund Petersilie

1. *Nudeln nach Packungsanweisung in reichlich Salzwasser mit Öl bissfest kochen, abseihen und gut abtropfen lassen.*
2. *Zwiebel schälen und hacken.*
3. *Suppengrün putzen, waschen und in kleine Würfel schneiden.*
4. *Schinken in feine Streifen schneiden.*
5. *Öl in einer Pfanne erhitzen und Zwiebel darin ca. 2 Minuten bei mittlerer Hitze farblos dünsten.*
6. *Gemüse hinzufügen und nochmals etwa 5 Min. dünsten lassen.*
7. *Schinken dazugeben, mit Suppe aufgießen und würzen.*
8. *Schlagobers untermischen, auf kleiner Stufe cremig einkochen lassen und Parmesan dazugeben.*
9. *Petersilie waschen und hacken.*
10. *Nudeln mit Sauce anrichten und mit Petersilie bestreuen.*

Tipp: Als Beilage eignen sich Blattsalate der Saison.
Man kann auch den Schinken weglassen und dieses Gericht als Beilage zu Fleischspeisen servieren.

Notizen

Blechpizza (für 4–6 Personen)

ZUTATEN:

TEIG:

300 g Weizen(voll)mehl
1 Pkg. Trockengerm
$\frac{1}{2}$ TL Salz
$\frac{1}{2}$ TL Zucker
gut $\frac{3}{16}$ l lauwarmes Wasser
2 EL Öl

SUGO:

250 g Tomatenstücke
(aus dem Tetrapack)
2 EL Tomatenmark
2 Knoblauchzehen
1 kleine Zwiebel
Salz, Pfeffer, Oregano
(oder Pizzagewürz)

BELAG:

200 g magerer Schinken
200 g geriebener Käse

und/oder je nach Belieben:
100 g Thunfisch
100 g Maiskörner
100 g Salamiblätter
100 g Champignons

1. *Mehl, Germ, Salz, Zucker, Wasser und Öl in einer Rührschüssel gut vermengen.*
   Den einfachen Germteig abschlagen, bis er sich von der Schüssel löst (mit Holzkochlöffel, Mixer mit Knethacken oder mit der Küchenmaschine).
2. *Teig zugedeckt an einem warmen Ort ca. 20 Min. gehen lassen.*
3. *In der Zwischenzeit die Tomatenstücke in ein feinmaschiges Sieb schütten, überschüssige Flüssigkeit etwas abtropfen lassen und die Tomatenstücke in eine Schüssel geben.*
4. *Zwiebel schälen, kleinwürfelig schneiden und dazugeben. Tomatenstücke mit Knoblauch, Salz, Pfeffer und Oregano pikant würzen und Tomatenmark untermischen.*
5. *Gewählte Zutaten für den Belag vorbereiten (waschen, schneiden).*
6. *Backtrennpapier in Backblechgröße vorbereiten und das Backrohr auf 200 °C Heißluft vorheizen.*
7. *Teig gleichmäßig am Papier ausrollen, aufs Blech ziehen und mit Sugo bestreichen.*
8. *Mit Käse, Schinken und den weiteren Zutaten nach Belieben belegen. Nochmals mit etwas Oregano oder Pizzagewürz bestreuen.*
9. *Ca. 20 Min. backen und portionieren.*

Tipp: In den Sommer- und Herbstmonaten das Sugo aus frischen Tomaten zubereiten (Tomaten kurz ins kochende Wasser geben, Haut abziehen und würfelig schneiden).
Als Beilage zur Pizza eine bunte Salatschüssel servieren.

Bohnen-Mais-Tortillas (für 6 Personen)

ZUTATEN:

1 Becher = ¼ Liter

TORTILLAS:

1 Becher Weizenmehl
½ Becher Maismehl
1½ Becher Wasser
¼ TL Salz
1 Ei
Öl zum Backen

FÜLLE:

1 Zwiebel
2 Knoblauchzehen
2 EL Öl
300 g Faschiertes
150 g rote Bohnen
150 g Maiskörner
(beides Fertigprodukte)
¼ l passierte Tomaten
Salz, Pfeffer, Paprika- und Chilipulver
1 TL Oregano
6 Salatblätter
100 g Käse, gerieben

KRÄUTER-SALSA (SAUCE):

¼ l Naturjoghurt
Salz, Pfeffer
1 Knoblauchzehe
⅓ Bd. Schnittlauch

1. Alle Zutaten für die Tortillas in einer Schüssel zu einem glatten Teig verrühren und etwas quellen lassen.

2. Öl in einer Pfanne heiß werden lassen, Teig eingießen, schwenken, bis der Pfanneboden mit einer dünnen Teigschicht bedeckt ist. Nach ca. 2 Min. wenden und fertig backen. Fertige Tortillas abdecken und warm stellen.

3. Für die Fülle Zwiebel und Knoblauch schälen, hacken und in heißem Öl anrösten.

4. Faschiertes kurz mitrösten, mit passierten Tomaten aufgießen. Mais und Bohnen dazugeben, pikant würzen und ca. 10 Min. dünsten lassen.

5. Salatblätter waschen und nudelig schneiden.

6. Für die Sauce Schnittlauch fein schneiden und mit Joghurt und Gewürzen vermengen.

7. Tortillas mit Sauce, Salat, Fleischfülle und Käse beliebig füllen, einrollen und gleich servieren.

Tipp: Tortillas sind unseren Palatschinken ähnlich. Für Maismehl einfach den Maisgrieß (Polentagrieß) mit der Getreidemühle feinst mahlen.

Notizen

Bunte Fleischspieße

ZUTATEN:

500 g Fleisch
(entweder eine Sorte oder gemischt: Schweinsfilet, Putenbrust, Rindslungenbraten)
100 g Bauchspeck in Scheiben
1 Paar Frankfurter
1 grüne Paprika
1 rote Paprika
100 g Champignons
Salz, Pfeffer
Paprikapulver
3 EL Öl

Holz- oder Metallspieße

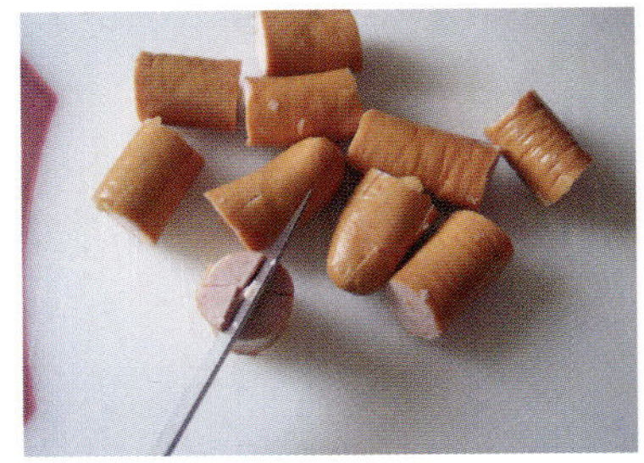

1. *Fleisch in gleichmäßig große Würfel schneiden (ca. 2 x 2 cm).*
2. *Bauchspeck zu Röllchen formen.*
3. *Frankfurter in 8 Teile teilen und die Enden kreuzweise einschneiden.*
4. *Paprikaschoten waschen, gut abtropfen lassen, Kerngehäuse entfernen und in Stücke von 2 x 2 cm schneiden.*
5. *Champignons putzen und große Köpfe halbieren.*
6. *Abwechselnd Fleischstücke mit Speck, Würstel und Gemüse aufstecken.*
7. *Spieße mit einem Gemisch aus Salz, Pfeffer und Paprikapulver würzen und leicht mit Öl bepinseln.*

8. *Bratpfanne oder Kontaktgriller erhitzen, dann erst beölen und die Spieße unter mehrmaligem Wenden beidseitig braten oder grillen.*

Notizen

Tipp: Die Spieße im Backrohr grillen. Wenn die Spieße am Holzkohlengrill zubereitet werden, darauf achten, dass kein Fett in die heiße Glut tropft (Alufolie oder eine Grilltasse verwenden). Als Beilage eignen sich Petersilienkartoffeln, Gemüse, Kräutersauce und Salate der Saison.

Bunter Nudelteller

ZUTATEN:

250 g bunte Nudeln

3 Tomaten
⅓ grüne Paprika
⅓ gelbe Paprika
⅓ rote Paprika
½ Zwiebel
1 EL Öl
100 g Schinken
100 g Käse, gerieben
1 Zehe Knoblauch
½ TL Basilikum
½ TL Oregano
½ TL Petersilie
Salz, Pfeffer

ZUM GARNIEREN:

frische Kräuter
Parmesan

1. *Tomaten und Paprika waschen und kleinwürfelig schneiden.*
2. *Zwiebel schälen und würfelig schneiden.*
3. *Zwiebel und Paprika im erhitzten Öl anrösten.*
4. *Geschnittene Tomaten dazugeben und ein paar Minuten dünsten lassen.*
5. *Schinken würfelig schneiden und mit dem Käse dazugeben.*
6. *Knoblauch schälen und hineinpressen. Sauce würzen und abschmecken.*
7. *Nudeln in reichlich Salzwasser „al dente" kochen, abseihen und anrichten.*
8. *Sauce über die angerichteten Nudeln geben. Mit frischen Kräutern und/oder Parmesan garnieren.*

Tipp: Ideale Beilage: Blattsalat der Saison! Je nach Jahreszeit frische, getrocknete oder Tiefkühlkräuter verwenden.

Notizen

Chili con Carne

ZUTATEN:

1 große Zwiebel
2 EL Öl

400 g Faschiertes

1 kl. Dose rote Bohnen
1 rote Paprika
500 g Tomatenstücke (aus dem Tetrapack)
¼ l Wasser

2 EL Tomatenmark
Salz, Pfeffer
Chilipulver
(eventuell Tabasco)
½ Suppenwürfel
½ TL Oregano
1 Zehe Knoblauch

½ Bd. Petersilie

1. *Zwiebel schälen und würfelig schneiden.*
2. *Öl erhitzen und Zwiebel darin goldgelb anrösten.*
3. *Faschiertes dazugeben und scharf anbraten. Es sollen kleine „Krümel" entstehen.*
4. *Bohnen abseihen.*
5. *Paprika waschen, vierteln, Kerne entfernen und würfelig schneiden.*
6. *Paprikawürfel, Bohnen und Tomatenstücke zum Fleisch geben.*
7. *Mit Wasser aufgießen und mit den angegebenen Zutaten würzen. Knoblauch hineinpressen.*
8. *Ca. 20 Min. bei mäßiger Hitze dünsten lassen. Nochmals abschmecken.*
9. *Petersilie waschen, gut abtropfen lassen, hacken und über das Gericht streuen.*

Tipp: Als Beilage reicht man Brot oder Gebäck. Bohnen sind neutral im Geschmack und lassen sich daher mit unterschiedlichsten Zutaten kombinieren. Die Hälfte der roten Bohnen kann durch weiße Bohnen ersetzt werden. Anstelle von Faschiertem kann auch würfelig geschnittenes Rindfleisch genommen werden. Dieses nach dem Anbraten etwas aufgießen und weich dünsten. Danach erst Bohnen und Gemüse dazugeben.

Notizen

Faschierte Laibchen

ZUTATEN:

2 Semmeln (vom Vortag)
1 kleine Zwiebel
⅓ Bd. Petersilie

400 g Faschiertes
1 Ei
2 EL Brösel
½ TL Senf
1 Zehe Knoblauch
Salz, Pfeffer
Majoran
Paprikapulver

ZUM BRATEN:

2 EL Semmelbrösel
4 EL Öl

ca. ⅛ l Suppe

1. *Semmeln in kaltes Wasser einweichen, gut ausdrücken und durch die Passierwiege pressen (oder fein mit einer Gabel zerdrücken).*
2. *Zwiebel schälen und kleinwürfelig schneiden.*
3. *Petersilie waschen und hacken.*
4. *Faschiertes (direkt aus dem Kühlschrank) in eine Schüssel geben. Passierte Semmeln, Zwiebel, Petersilie, Ei, Brösel sowie die angegebenen Gewürze dazugeben und alles gut durchmischen.*
5. *Schneidbrett mit Bröseln bestreuen und mit Hilfe eines runden Ausstechers Laibchen formen. (Ausstecher vorher in Wasser tauchen und die Masse mit einem Löffel hineindrücken.)*
6. *In einer beschichteten Bratpfanne wenig Öl erhitzen und die Laibchen bei mittlerer Hitze auf jeden Seiten ca. 5 Min. braten. Laibchen warm stellen, bis alle fertig gebraten sind.*
7. *Eventuell noch mit etwas Suppe aufgießen und kurz darin ziehen lassen.*

Tipp: Faschiertes immer am Tag des Einkaufes verbrauchen. Die Zutaten nur kurz vermischen, damit die Masse locker bleibt. Die Masse beliebig formen. Übrig gebliebene Laibchen schmecken auch kalt zur Jause. Als Beilagen eignen sich Kartoffelpüree, gedünstetes Gemüse und Salat.

Notizen

Fischfilet in Kräutersauce

ZUTATEN:

400 g Fischfilets
(z. B. Tiefkühl-Dorschfilet, grätenfrei)
½ Zitrone

1 gr. Karotte
1 kl. Zwiebel
½ kleine Stange Lauch
2 EL Olivenöl

KRÄUTERSAUCE:

2 EL Schnittlauch
2 EL Petersilie
⅛ l Schlagobers
2 EL Sauerrahm
Salz, Pfeffer

1. *Gemüse waschen, putzen und in dünne Ringe bzw. kleine Würfel schneiden.*
2. *Öl in einer Pfanne vorsichtig erhitzen und das Gemüse darin rösten, bis die Flüssigkeit verdampft ist.*
3. *Backrohr auf 170 °C Heißluft vorheizen.*
4. *Gemüse in einer großen Auflaufform gleichmäßig verteilen, die Fischfilets drauflegen und mit Zitronensaft beträufeln.*
5. *Für die Sauce die Kräuter hacken bzw. schneiden und mit Schlagobers sowie Sauerrahm verrühren.*
6. *Sauce mit Salz und Pfeffer würzen und über die Fischfilets gießen.*
7. *Im vorgeheizten Rohr auf mittlerer Schiene je nach Stärke der Filets etwa 25 Minuten garen.*

Tipp: Anstelle von Tiefkühlfisch frische Fischfilets verwenden. Als Beilage eignen sich Petersilienkartoffeln sowie Blattsalate der Saison.

Notizen

Fischpfanne

ZUTATEN:

1 kleine Zwiebel
2 Knoblauchzehen
1 rote Paprika
50 g Stangensellerie
1 große Karotte
200 g Ananas (aus der Dose – den Saft nicht weggießen)

200 g Tiefkühl-Fisch (Kabeljau oder Dorsch)
1 EL Speisestärke
2 EL Öl

2 EL ungesalzene Erdnüsse
200 ml Wasser
4 EL Ananassaft
2 EL Tomatenmark
3 EL Sojasoße
1 Prise Salz, Chili

1 TL Speisestärke
4 EL kaltes Wasser

1. *Zwiebel und Knoblauch schälen und beides fein hacken.*
2. *Gemüse putzen, gründlich waschen und schneiden (Paprika in dünne Streifen, Karotte in dünne Stifte, Sellerie in feine Scheiben, Ananas in kleine Stücke).*
3. *Fisch in große Würfel schneiden, salzen und in der Stärke wenden.*
4. *Öl im Wok oder in einer großen Pfanne erhitzen, den Fisch goldgelb anbraten und herausnehmen.*
5. *Zwiebel und Knoblauch im Bratenrückstand andünsten, Sellerie, Ananas, Paprika, Karotten und Nüsse dazu geben.*
6. *Wasser, 4 EL vom Ananassaft, Tomatenmark, Sojasoße und Chili verrühren und dazugeben.*
7. *1 TL Speisestärke mit 4 EL Wasser vermischen, unterrühren und aufkochen lassen.*
8. *Fisch unterheben, nochmals erhitzen und rasch anrichten.*

Tipp: Speisestärke mit kaltem Wasser gut vermischen, damit sich keine Klümpchen bilden, und unbedingt nochmals aufkochen lassen.
Tiefkühlfisch lässt sich gut schneiden und zerfällt nicht beim Braten.

Fleischtaschen mit Knoblauchsauce

ZUTATEN:

NUDELTEIG:

400 g Weizenmehl
Salz
2 EL Öl
2 Eier
ca. $\frac{1}{8}$ l Wasser

FLEISCHFÜLLE:

250 g Faschiertes vom Rind
$\frac{1}{2}$ Zwiebel
Salz, Pfeffer
$\frac{1}{3}$ Bund Petersilie
$\frac{1}{2}$ TL Paprikapulver

2 EL Öl

100 g Butter

KNOBLAUCHSAUCE:

$\frac{1}{4}$ l Naturjoghurt
$\frac{1}{8}$ l Sauerrahm
2 Knoblauchzehen
etwas Zitronensaft
$\frac{1}{2}$ Bund Schnittlauch
Salz

1. *Mehl, Salz, Öl und Eier in eine Rührschüssel geben. Mit den Knethaken des Mixers zu einem glatten Nudelteig verkneten.*
   Am Nudelbrett nochmals durchkneten. Mit einem feuchten Tuch zudecken und 20 Min. rasten lassen.
2. *Faschiertes in eine Schüssel geben.*
3. *Zwiebel schälen, fein hacken und dazugeben.*
4. *Petersilie waschen, Blätter abzupfen, fein hacken und ebenfalls dazugeben.*
5. *Masse mit Salz, Pfeffer und Paprikapulver würzen.*
6. *Öl in einer Pfanne erhitzen, die faschierte Masse darin abbraten und überkühlen lassen.*
7. *Nudelbrett bemehlen, Teig dünn auswalken und in 8 bis 10 cm große Quadrate schneiden.*
8. *Faschierte Masse mit einem Löffel in die Mitte der Quadrate geben, die Teigränder mit Wasser bepinseln, zusammenklappen und die Ränder gut andrücken.*
9. *Butter in einer kleinen Kasserolle zerlassen.*
10. *In einem großen Topf Wasser zum Kochen bringen, $\frac{1}{2}$ Teelöffel Salz dazugeben und die Fleischtaschen ca. 10 Min. leicht kochen klassen. Mit einem Siebschöpfer herausnehmen, anrichten, mit zerlassener Butter übergießen und Knoblauchsauce dazu reichen.*
11. *Knoblauchsauce: Knoblauchzehen pressen, Schnittlauch fein schneiden, alle Zutaten vermischen und abschmecken.*

Tipp:
Die Mühe lohnt sich!
Als Beilage Salate der Saison servieren.

Forelle gebraten (für 2 Personen)

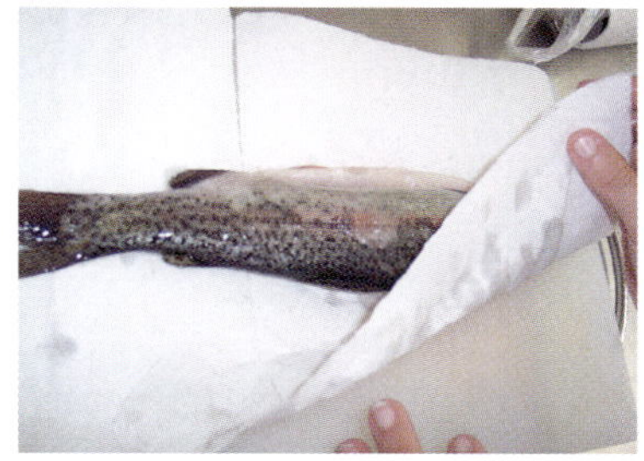

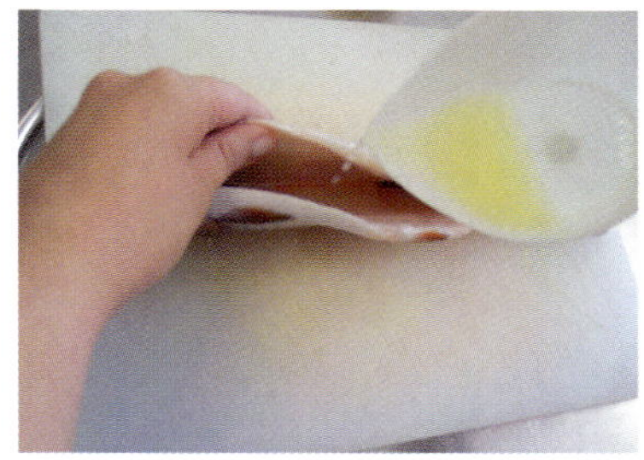

ZUTATEN:

2 Forellen (küchenfertig)
Salz
Pfeffer, weiß
½ Zitrone
Kräuter nach Wahl
oder TK-Kräuter
(z. B. Petersilie, Schnittlauch, Dille, Kerbel …)
2 EL Öl

JE NACH ZUBEREITUNGSART:

1 EL Butter
Butterflocken
Zwiebelringe
Knoblauch

GARNITUR:

frische Kräuter
Zitronenscheiben

1. *Zitrone auspressen.*
2. *Frische Kräuter waschen, abtropfen lassen und fein hacken bzw. schneiden.*
3. *Forellen unter fließendem Wasser gründlich waschen und mit Küchenkrepp leicht trocknen.*
4. *Forellen außen und innen mit Salz und Pfeffer würzen, mit Zitronensaft beträufeln und mit Kräutern bestreuen. (Evtl. noch mit Knoblauch würzen).*

Zubereitungsarten:

Braten in der Pfanne (bis 3 Forellen):

Große, beschichtete Bratpfanne erhitzen, Öl hineingeben, Forellen beidseitig 5 Min. bei reduzierter Hitze braten.

Butter dazugeben und noch 1 Min. auf beiden Seiten braten.

Braten im Rohr (ab 4 Forellen):

Backrohr auf 200 °C Heißluft vorheizen. Backblech oder Auflaufform leicht befetten. Forellen mit Butterflocken belegen und ca. 20 Min. im Rohr braten.

Braten in der Folie:

Backrohr auf 200 °C Heißluft vorheizen. Folie befetten, Boden mit Zwiebelringen auslegen. Fische in Folie wickeln (Naht soll oben sein!) und ca. 25 Min. braten.

Tipp: Als Beilage zu gebratenen Forellen passen Salz- oder Petersilienkartoffeln sowie Blattsalate der Saison.

Notizen

Gefüllte Schweinsschnitzel auf Salat

ZUTATEN:

4 kl. Schweinsschnitzel
Salz, Pfeffer
1 kl. Zwiebel
80 g Schinken
1 EL Öl
Salz, Pfeffer, Oregano

Holzzahnstocher
2 EL Öl zum Braten

1 Häuptel Gr. Salat
(Vogerlsalat, Rucola ...)

MARINADE:

4 EL Olivenöl
4 EL Balsamico-Essig
4 EL Wasser
Kräutersalz, Oregano

1. *Schnitzel leicht klopfen, beidseitig würzen und halbieren.*
2. *Zwiebel schälen und hacken, den Schinken in kleine Würfel schneiden.*
3. *Öl vorsichtig erhitzen, Zwiebel und Schinken darin kurz (etwa 2 Minuten) anrösten und würzen.*
4. *Halbierte Schnitzel mit der Füllung belegen, einrollen und mit Holzzahnstochern fixieren.*
5. *Öl in einer Pfanne erhitzen und die Röllchen bei mittlerer Hitze rundum etwa 6 Min. braten.*
6. *Salat waschen und gut abtropfen lassen (eventuell mit der Salatschleuder trocknen).*
7. *Alle Zutaten der Marinade miteinander verrühren, den Salat abmachen und anrichten.*
8. *Zahnstocher aus den Röllchen entfernen, diese auf Salat anrichten und garnieren.*

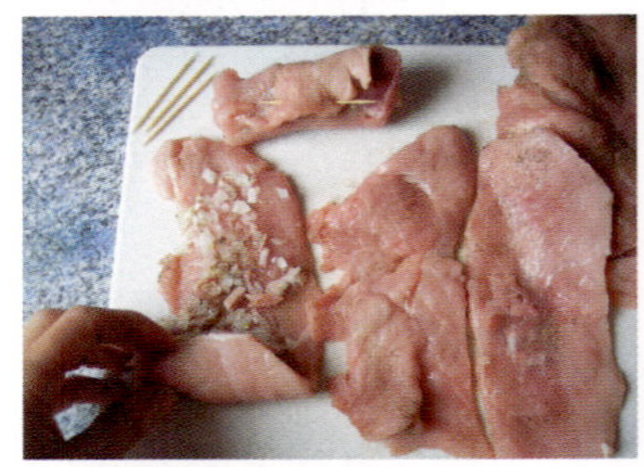

Tipp: Für dieses Gericht eignen sich verschiedene Blattsalate der Saison.
Als Beilage reicht man frisches Gebäck oder Knoblauchbrot.

Notizen

Gemüse-Schinken-Tortillas (für 6 Personen)

ZUTATEN:

1 Becher = ¼ Liter

TORTILLAS:

1 Becher Weizenmehl
½ Becher Maismehl
1½ Becher Wasser
¼ TL Salz
1 Ei
Öl zum Backen

FÜLLE:

2 Frühlingszwiebeln
1 EL Öl
100 g Champignons
½ rote Paprika
2 kleine Zucchini
50 g Mais (Dose)
200 g Putenschinken
Salz, Pfeffer, Paprika- oder Chilipulver
50 g Ruccola

SAUCE:

¼ l Sauerrahm
⅛ l Naturjoghurt
2 Zehen Knoblauch
Salz, Pfeffer
⅓ Bd. Schnittlauch

1. *Alle Zutaten für die Tortillas zu einem glatten Teig verrühren (in der Konsistenz eines Palatschinkenteiges).*

2. *Öl heiß werden lassen, Teig eingießen, schwenken, bis der Pfannenboden mit einer dünnen Teigschicht bedeckt ist. Nach 2 Min. wenden und fertig backen. Fertige Tortillas abdecken und warm stellen.*

3. *Champignons, Paprika, Zucchini waschen und blättrig bzw. würfelig schneiden.*

4. *Zwiebeln hacken und in Öl glasig werden lassen.*

5. *Gemüse dazugeben und kurz mitrösten.*
   Mais sowie gewürfelten Putenschinken untermischen und pikant würzen.

6. *Rucola in einem Sieb waschen und gut abtropfen lassen.*

7. *Tortillas mit Rucola belegen, füllen, einschlagen und mit restlicher Sauce übergießen.*

Sauce:
Alle Zutaten (Schnittlauch schneiden, Knoblauch pressen) vermischen und abschmecken.

Tipp: Gefüllte Tortillas, Enchiladas genannt, sind eine mexikanische Spezialität. Die Fülle nach persönlichen Vorlieben variieren.

Geschnetzeltes auf pannonische Art

ZUTATEN:

500 g Putenbrust
(oder Kalbfleisch)
1 TL glattes Mehl

1 Zwiebel
1 rote Paprika
2 EL Öl
2–3 TL Paprikapulver
Salz, Pfeffer
Saft einer ½ Zitrone
¼ l Würfelsuppe

⅛ l Schlagobers

⅓ Bund Schnittlauch
oder Petersilie

1. *Putenbrust oder Kalbfleisch in feine Streifen schneiden und mit dem Mehl vermischen.*
2. *Zwiebel schälen und würfelig schneiden.*
3. *Paprika waschen, entkernen und würfelig schneiden.*
4. *Öl in einer Bratpfanne erhitzen, Zwiebel- und Fleischstücke dazugeben und anbraten.*
5. *Fleisch würzen und mit Suppe aufgießen.*
6. *Paprikawürfel beifügen und alles ca. 10 Minuten dünsten lassen.*
7. *Obers einrühren, anrichten und mit gehackten Kräutern bestreuen.*

Tipp: Als Beilage Reis sowie Salate der Saison servieren. Bei der Zubereitung von Putenfleisch besonders auf die Hygieneregeln achten!

Notizen

Hamburger

ZUTATEN:

½ kleine Zwiebel
¼ Bd. Petersilie
250 g Faschiertes
1 kleines Ei
1 Knoblauchzehe
Salz, Pfeffer
Majoran, Thymian
4 Scheiben Käse

ZUM FORMEN:

2 EL Brösel
2 EL Sesamkörner

ZUM BRATEN:

2 EL Öl

GEMÜSE ZUM BELEGEN:

4 Salatblätter
1 Tomate
¼ Salatgurke

4 Vollkornsemmeln

1. *Zwiebel schälen und klein würfelig schneiden.*
2. *Petersilie waschen und hacken.*
3. *Faschiertes in eine Schüssel geben, Zwiebelstücke, gehackte Petersilie und Ei hinzufügen. Knoblauch dazupressen, mit Salz, Pfeffer, Majoran und Thymian würzen und gut vermengen.*
4. *Plastikbrett mit Bröseln und Sesam bestreuen und mit Hilfe eines runden Ausstechers Laibchen formen.*
5. *Pfanne erhitzen, Öl dazugeben und die Laibchen auf beiden Seiten bei mittlerer Hitze je 5 bis 7 Min. braten. Kurz vor Bratende den Käse über die Laibchen legen und schmelzen lassen.*
6. *In der Zwischenzeit Gemüse waschen und abtropfen lassen.*
7. *Tomate und Gurke in Scheiben schneiden.*
8. *Vollkornsemmeln halbieren, Böden auf Tellern anrichten, mit Salatblättern, Tomaten- und Gurkenscheiben belegen.*
9. *Faschierte Laibchen aufsetzen, mit Deckel abschließen und gleich servieren.*

Tipp: Hygieneregeln bei der Fleischzubereitung unbedingt einhalten! Faschiertes am Tag des Einkaufes verbrauchen und erst kurz vor der Zubereitung aus dem Kühlschrank nehmen.
Die Weckerln noch kurz vor dem Servieren im Rohr aufbacken.

Hendl im Schinkenmantel

ZUTATEN:

2 kleine Hendlbrüste
(ca. 300 g)
Salz
Pfeffer
Salbei, getrocknet

100 g dünne Scheiben
Schinkenspeck (oder
mageren Schinken)
2 EL Öl
gut ⅛ l Würfelsuppe

1 EL Butter

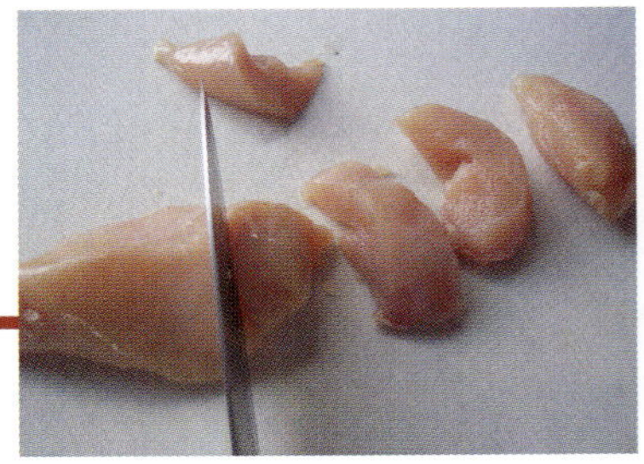

1. *Hendlbrüste in gleichmäßige Stücke zerteilen (ca. 5 x 3 cm).*
2. *Hendlstücke salzen, pfeffern und mit zerriebenem Salbei bestreuen.*

3. *Jedes Hendlstück mit 1 bis 2 Scheiben Schinkenspeck umwickeln.*
4. *Öl in einer Bratpfanne erhitzen und die Hendlstücke darin auf beiden Seiten anbraten.*

5. *Mit Würfelsuppe aufgießen und bei geringer Hitze etwa 10 Minuten dünsten.*
6. *Fleisch herausnehmen, auf vorgewärmten Tellern anrichten.*
7. *Butter in die restliche Sauce geben, mit einer Schneerute gut verrühren und über die Hendlstücke gießen.*

Tipp: Auf die Hygieneregeln achten und das Hendlfleisch gut durchbraten!
Als Beilage eignen sich Petersilienkartoffeln sowie Salate der Saison.

Notizen

Hühnchen-Bohnen-Pfanne

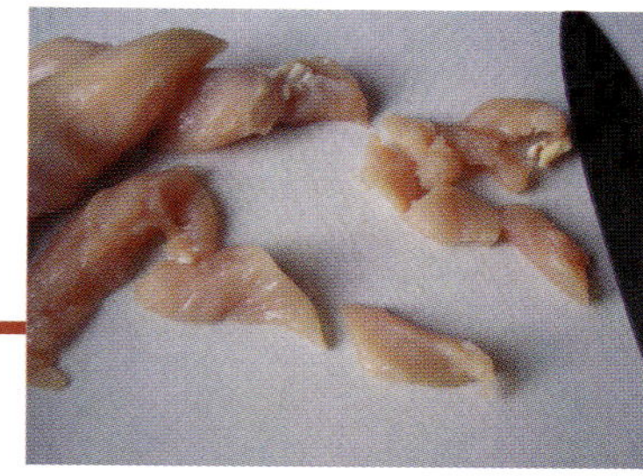

ZUTATEN:

250 g Hühnerbrust
(ersatzweise Putenbrust)
2 EL Öl

$\frac{1}{2}$ grüne Paprika
$\frac{1}{2}$ rote Paprika
2 Tomaten
100 g rote Bohnen
(aus der Dose)
Salz, Pfeffer
Paprikapulver (Chili)
3 EL Tomatenmark
gut $\frac{1}{8}$ l Wasser

$\frac{1}{8}$ l Schlagobers

1. *Hühnerbrust in Streifen schneiden. (Einhaltung der Hygieneregeln!)*
2. *Öl in einer Bratpfanne erhitzen und das Fleisch rundherum anbraten.*
3. *Paprika sowie Tomaten gründlich waschen und kleinwürfelig schneiden.*
4. *Geschnittenes Gemüse und Bohnen zum Fleisch geben, etwa 10 Min. dünsten lassen.*
5. *Mit Salz, Pfeffer und Paprikapulver würzen. Tomatenmark dazugeben und mit Wasser aufgießen. Weitere 10 Min. dünsten lassen.*
6. *Vor dem Servieren mit Schlagobers verfeinern und nochmals abschmecken.*

Tipp: Paprikasorten je nach Angebot wählen.
Es können zusätzlich noch Maiskörner untergemischt werden.
Als Beilage Reis oder Kartoffelpüree zubereiten.

Notizen

Kartoffelfondue

ZUTATEN:

ca. 1,5 kg Kartoffeln (fest kochend)

PAPRIKASAUCE:

⅛ l Joghurt
125 g Magertopfen
(= ½ Packung)
Salz, Pfeffer
1 TL Ketchup
½ rote Paprika
Schnittlauchröllchen

SCHINKENSAUCE:

⅛ l Sauerrahm
100 g Schinken
Salz, Pfeffer
½ TL Kren
Petersilie

KNOBLAUCHSAUCE:

⅛ l Sauerrahm
⅛ l Joghurt
Salz, Pfeffer
etwas Zitronensaft
2 Knoblauchzehen

SCHNITTLAUCH-SAUCE:

⅛ l Sauerrahm
⅛ l Joghurt
Salz, Pfeffer
½ Bd. Schnittlauch

1. *Kartoffeln gründlich mit der Gemüseputzbürste waschen.*
2. *Ca. 30 bis 40 Min. (je nach Größe) im Siebeinsatz dämpfen.*
3. *Saucen anhand der angegebenen Zutaten vermengen. (Kräuter waschen und fein hacken bzw. schneiden, Paprika feinwürfelig schneiden, nach Geschmack würzen)*
4. *Kartoffeln in einer großen Schüssel anrichten und in die Mitte des Tisches stellen. Damit sie länger warm bleiben, ein Stövchen (Teewärmer mit Teelicht) verwenden.*
5. *Saucen anrichten und mit Kräutern sowie Gemüse der Saison garnieren.*
6. *Bei Tisch die Kartoffeln schälen und in die vorbereitete Saucen „dippen“.*

Tipp: Dämpfen ist eine sehr vitamin- und mineralstoffschonende Zubereitungsart. Kartoffeln sind kalorienarm und mit verschiedenen Saucen eine preiswerte und gesunde Mahlzeit.
Ohne Schinkensauce ein ideales Gericht für Vegetarier.

Notizen

Kartoffellaibchen mit Kräutersauce

ZUTATEN:

½ kg Kartoffeln (mehlige)

100 g Schinken
⅓ Bund Petersilie
½ TL Salz
3 EL Grieß
4 EL Mehl
1 Ei

ZUM BRATEN:

2–4 EL Öl

ZUM AUSARBEITEN:

Mehl zum Bestreuen

KRÄUTERSAUCE:

1 Becher Crème fraîche
⅛ l Joghurt
1 Zehe Knoblauch
Salz
1 EL Zitronensaft
⅓ Bd. Schnittlauch
⅓ Bd. Petersilie

1. *Kartoffeln mit der Gemüseputzbürste gründlich waschen.*
2. *Kartoffeln dämpfen. (Kasserolle ca. 30 Min., Dampfdruckkochtopf ca. 10 Min.)*
3. *Kartoffeln schälen und noch heiß in eine Rührschüssel pressen (Kartoffelpresse oder -wiege).*
4. *Schinken fein schneiden.*
5. *Petersilie waschen und fein hacken.*
6. *Kartoffeln, Grieß, Mehl, Ei, Schinken und Kräuter zu einem glatten Teig verarbeiten.*
7. *Aus dem Kartoffelteig eine Rolle formen und 1 cm dicke Scheiben abschneiden.*
8. *Etwas Öl in einer Pfanne erhitzen und Laibchen 3 bis 4 Min. auf beiden Seiten hellbraun backen.*
9. *Für die Sauce Crème fraîche und Joghurt verrühren. Mit Knoblauch, Salz und Zitronensaft abschmecken.*
10. *Kräuter waschen, fein hacken und untermengen.*

Tipp: Die Kartoffellaibchen können auch ohne Schinken zubereitet werden und eignen sich gut als Beilage zu verschiedenen Fleischgerichten.

Lasagne (für 6 Personen)

ZUTATEN:

250 g Lasagne-Teigblätter (ohne Vorkochen!)

FLEISCHSUGO:

1 große Zwiebel
1 Knoblauchzehe
3 EL Öl
500 g Faschiertes
¼ l passierte Tomaten
2 EL Tomatenmark
1 Suppenwürfel
Salz, Pfeffer, Oregano

BÉCHAMELSAUCE:

80 g Butter
80 g Mehl
1¼ Liter Milch
1 Suppenwürfel
Salz, Pfeffer
Muskatnuss
2 EL Parmesan

Parmesan zum Bestreuen

Fleischsugo:

1. *Zwiebel fein hacken. Knoblauch schälen und pressen.*
2. *Öl erhitzen und beides darin anschwitzen.*
3. *Fleisch dazugeben und kurz anrösten.*
4. *Mit passierten Tomaten aufgießen, Tomatenmark dazugeben und würzen.*
5. *Bei geringer Hitze ca. 10 Min. leicht kochen lassen – öfters umrühren!*
6. *Backrohr auf 180 °C Heißluft vorheizen.*
7. *Boden einer Auflaufform beölen.*

Béchamelsauce:

1. *Butter zerlassen, Mehl dazugeben und kurz anschwitzen lassen.*
2. *Mit kalter Milch aufgießen und unter ständigem Rühren aufkochen.*
3. *Mit den angegebenen Gewürzen abschmecken und Parmesan einrühren.*

Einschichten:

1. *Abwechselnd Béchamelsauce, Teigblätter und Fleischsugo einschichten. Vorgang wiederholen.*
2. *Letzte Schicht Teigblätter gut mit Béchamelsauce bedecken.*
3. *Ca. 45 Min. backen (nach 20 Min. abdecken!). Vor dem Servieren mit Parmesan bestreuen.*

Tipp: Noch besser schmeckt die Lasagne, wenn sie vor dem Backen etwa 2 Stunden in der Auflaufform ziehen kann.

Naturschnitzel

ZUTATEN:

4 Kalbsschnitzel
(Putenschnitzel oder
Schweinsschnitzel)
Salz, Pfeffer
2 EL Öl
2 EL Mehl

$^1/_4$ l Würfelsuppe

1 EL Butter

1. *Schnitzel mit der flachen Seite des Schnitzelklopfers leicht klopfen.*
2. *Beide Seiten leicht würzen, eine Seite ins Mehl tauchen.*
3. *Öl in einer Bratpfanne vorsichtig erhitzen.*
4. *Schnitzel mit der bemehlten Seite zuerst goldbraun anbraten, dann umdrehen.*
5. *Schnitzel auf eine Porzellanplatte geben und warm stellen (Backrohr bei 70 °C).*
6. *Bratenrückstand mit Suppe aufgießen und aufkochen lassen.*
7. *Butter dazugeben, die Schnitzel nochmals kurz im Saft erwärmen und gleich anrichten.*

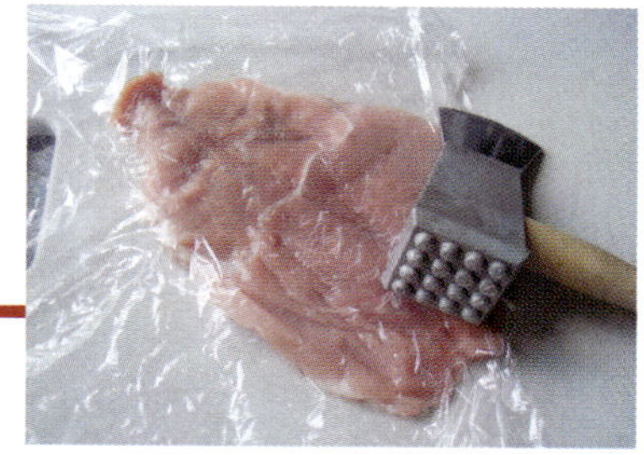

Paprikaschnitzel

Paprikaschnitzel wie Naturschnitzel vorbereiten und in Butter eine fein gehackte Zwiebel goldgelb anrösten, 2 TL Paprikapulver dazugeben, mit $^1/_8$ l Obers und $^1/_8$ l Würfelsuppe aufgießen, einkochen lassen und über die Schnitzel geben.

Wichtig: Schnitzel nicht im Saft aufkochen bzw. dünsten, sonst werden sie trocken, hart und schrumpfen ein.

Als Beilage eignen sich: Reis/Petersilienkartoffeln, Gemüse und Salat.

Notizen

Nudelauflauf

ZUTATEN:

200 g Nudeln (Fleckerln/Hörnchen)
Salz

1 große Karotte
150 g Sellerieknolle
100 g Champignons
1 EL Öl
100 g Schinken
1 EL Zitronensaft
Salz, Pfeffer
½ TL Currypulver

BÉCHAMELSAUCE:

1 EL Butter
1 EL Mehl
gut ¼ l Milch
Salz, Pfeffer
½ Suppenwürfel

100 g Käse, gerieben
¼ Bund Petersilie

1. *Nudeln in reichlich Salzwasser bissfest kochen und abseihen.*
2. *Karotte gründlich waschen, Sellerie schälen und beides kleinwürfelig schneiden.*
3. *Champignons putzen und in Scheiben schneiden.*
4. *Schinken würfelig schneiden und in Öl leicht anbraten. Gemüse dazugeben, würzen und etwa 5 Minuten dünsten lassen.*
5. *Backrohr auf 180 °C Heißluft vorheizen.*
6. *Gekochte Nudeln und Gemüse vermischen und in eine leicht befettete Auflaufform geben. Béchamelsauce gleichmäßig darüber verteilen, mit Käse bestreuen und ca. 25 Minuten backen.*

Béchamelsauce:

1. *Butter in einer Kasserolle zergehen lassen.*
2. *Mehl dazugeben und mit kalter Milch aufgießen.*
3. *Sauce würzen und 2 Min. unter Rühren leicht kochen lassen.*

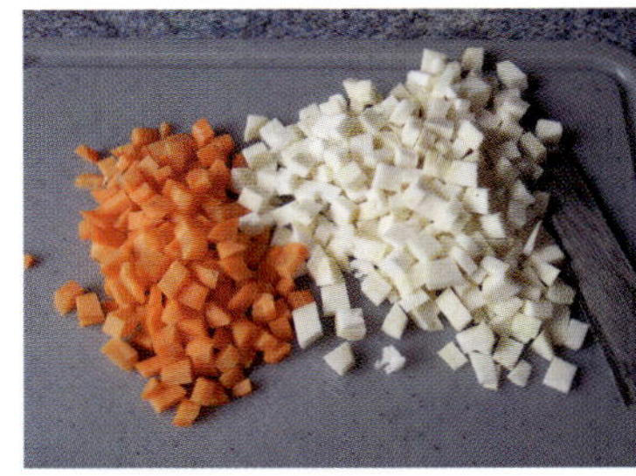

Tipp: Die Gemüsesorten können je nach Vorlieben variieren sowie der Räucherschinken durch Speck ersetzt werden.
Als Beilage eignen sich verschiedene Blattsalate der Saison.
Mit bunten Nudeln bringt man noch mehr Farbe in die Speise.

Palatschinkenkuchen

ZUTATEN:

PALATSCHINKEN:

100 g Vollkornmehl
ca. ¼ l Milch
1 EL Öl
2 Eier
Salz
Öl zum Backen

FÜLLE:

200 g Mischgemüse (tiefgekühlt)
1 EL Öl
1 Zwiebel
250 g Faschiertes
1 EL Tomatenmark
1 EL Italienische Kräuter (getrocknet)
Salz, Pfeffer

ÜBERGUSS:

½ Becher Sauerrahm
2 Eier
Salz, Pfeffer
2 Msp. Ital. Kräuter

1. *Mehl, Milch und Öl mit dem Schneebesen glatt rühren.*
2. *Eier und Salz dazugeben, zu einem glatten Teig verrühren und ca. 10 Min. quellen lassen.*
3. *In einer beschichteten Pfanne etwas Öl erhitzen und die Palatschinken beidseitig goldgelb backen.*
4. *Gemüse laut Beschreibung mit wenig Wasser schonend dünsten.*
5. *Zwiebel schälen, fein schneiden und in Öl goldgelb anbraten.*
6. *Faschiertes sowie Tomatenmark dazugeben und kurz mitrösten.*
7. *Gedünstetes Gemüse unter die faschierte Masse mischen und würzen.*
8. *Backrohr auf 180 °C Heißluft vorheizen. Feuerfeste Auflaufform mit etwas Öl befetten.*
9. *Palatschinken und Fülle lagenweise einschichten. Letzte Lage sollte eine Palatschinke sein.*
10. *Für den Guss die angegebenen Zutaten mit einer Schneerute vermischen und darüber gießen.*
11. *Ca. 20 bis 25 Min. backen.*

Tipp: Italienische Kräuter können auch selbst aus Basilikum, Oregano, Rosmarin, Thymian und Salbei zusammengemischt werden.
Die Zutaten für die Fülle je nach Geschmack variieren.
Variante: Die heißen Palatschinken nicht einschichten, sondern füllen, einrollen und sofort servieren.
Als Beilage eignen sich Blattsalate der Saison.

Paprikapfanne

ZUTATEN:

500 g Schweinefleisch
4 EL Öl

2 mittelgroße Zwiebeln
2 grüne Paprika
¼ l Würfelsuppe
4 EL Tomatenmark
1 EL Paprikapulver
Salz, Pfeffer
(Chilipulver)

3 EL Crème fraîche

ZUM BESTREUEN:

etwas Petersilie

1. *Schweinefleisch in Streifen schneiden.*
2. *Zwiebeln schälen, halbieren und ringelig schneiden.*
3. *Paprika waschen, halbieren, Kerngehäuse entfernen und in dünne Streifen schneiden.*
4. *Öl in einer Pfanne erhitzen und das Fleisch darin rundherum anbraten.*
5. *Zwiebel dazugeben und ca. 3 Min. mitrösten.*
6. *Paprikastreifen dazugeben und kurz mitrösten.*
7. *Würfelsuppe mit Tomatenmark und den Gewürzen vermischen und das Fleisch damit aufgießen.*
8. *Bei geringer Hitze ca. 20 bis 25 Min. leicht dünsten lassen.*
9. *Vor dem Anrichten Crème fraîche unterrühren, abschmecken und mit gehackter Petersilie bestreuen.*

Tipp: Als Beilage eignet sich gedünsteter Reis. Die Paprikapfanne lässt sich auch mit Rindfleisch zubereiten.

Notizen

Pasta asciutta

ZUTATEN:

1 mittelgroße Zwiebel
2 Karotten
2 EL Öl

250 g Faschiertes
knapp 500 ml passierte Tomaten
1 Zehe Knoblauch
Salz, Pfeffer
½ Suppenwürfel
Oregano, Basilikum

300 g Spaghetti (Vollkornspaghetti)
Salz
1 EL Öl

50 g Parmesan
Basilikum/Petersilie

1. *Zwiebel schälen und fein hacken.*
2. *Karotten waschen und fein raspeln.*
3. *Zwiebel in Öl anrösten, Fleisch dazugeben und kurz mitrösten.*
4. *Passierte Tomaten und geraspelte Karotten dazugeben, würzen und ca. 10 Min. dünsten lassen.*
5. *In einem großen Kochtopf Wasser zum Kochen bringen (mit Deckel!).*
6. *Wasser salzen, Öl dazugeben und die Nudeln darin ca. 10 Min. kochen (ohne Deckel!), bis sie bissfest – al dente – sind.*
7. *Nudeln abseihen, mit heißem Wasser kurz abschwemmen, anrichten, mit Parmesan bestreuen und mit Basilikum oder Petersilie garnieren.*

Tipp: Eine italienische Vorspeise, die bei uns meist als Hauptspeise gegessen wird.
Als Beilage eignen sich Blattsalate der Saison. Vollkornspaghetti enthalten mehr Ballast- und Mineralstoffe als Spaghetti aus Auszugsmehl.

Notizen

Pikantes Reisfleisch

ZUTATEN:

1 große Zwiebel
2 EL Öl
400 g Fleisch
(entweder Schweinsschulter, Kalbfleisch oder Putenbrust)

2 EL Paprikapulver
1 EL Essig
gut $\frac{1}{4}$ l Wasser
1 EL Tomatenmark
Salz, Pfeffer, Kümmel
Majoran, Thymian
1 Zehe Knoblauch

200 g Langkornreis
gut $\frac{1}{2}$ l Wasser

GARNITUR:

$\frac{1}{3}$ Bund Petersilie
1 EL Parmesan

1. *Zwiebel schälen und kleinwürfelig schneiden. Fleisch in ca. 2 cm große Würfel schneiden.*
2. *Öl erhitzen und die Zwiebel darin goldgelb anrösten. Fleisch dazugeben und alles gut anrösten.*
3. *Mit Paprikapulver bestreuen, einmal kurz umrühren und mit Essig löschen. Fleisch mit so viel Wasser aufgießen (ca. $\frac{1}{4}$ l), dass es knapp bedeckt ist.*
4. *Tomatenmark, Knoblauch und Gewürze dazugeben. Das Gericht der jeweiligen Fleischsorte gemäß – Schweinefleisch ca. 25 Minuten, Kalbfleisch ca. 20 Minuten und Putenfleisch ca. 10 Minuten – dünsten lassen.*
5. *Danach Reis und Wasser zugeben und bei schwacher Hitze nochmals 30 Minuten dünsten. Ab und zu umrühren und bei Bedarf noch Wasser nachgießen.*
6. *Anrichten und mit Parmesan sowie Petersilie garnieren.*

Tipp: Die Hygieneregeln bei der Fleischzubereitung einhalten! Zusätzlich noch Paprikawürfel mitdünsten. Als Beilage eignen sich frische Blattsalate der Saison.

Notizen

Polpette in Tomatensauce

ZUTATEN:

40 g Semmelwürfel
100 ml Milch

400 g Faschiertes
Salz, Pfeffer
Oregano, Basilikum
1 Zehe Knoblauch
1 Ei
2 EL Öl zum Anbraten

TOMATENSAUCE:

1 mittlere Zwiebel
1 EL Öl

½ l passierte Tomaten
⅛ l Wasser
1 Suppenwürfel
1 Prise Salz
Salz, Pfeffer
Basilikum

1. *Semmelwürfel mit Milch vermischen und kurz ziehen lassen.*
2. *Faschiertes mit Salz, Pfeffer, Oregano und Basilikum würzen, angeweichte Semmelwürfel und Ei untermischen. Knoblauchzehe schälen und hineinpressen.*
3. *Aus der Masse kleine Bällchen formen und in wenig Öl beidseitig goldbraun braten.*

Tomatensauce:

1. *Zwiebel kleinwürfelig schneiden und in Öl goldgelb anrösten.*
2. *Passierte Tomaten und Wasser dazugeben.*
3. *Sauce würzen, auf kleiner Flamme ca. 10 Min. köcheln lassen und mit dem Mixstab pürieren.*
4. *Tomatensauce über die Polpette gießen und bei geringer Hitze noch 5 Min. ziehen lassen.*

Tipp: Beilage: Reis sowie Salat der Saison.
Je nach Jahreszeit frische oder getrocknete Kräuter verwenden.
Faschiertes immer am Tag des Einkaufs verbrauchen.

Notizen

Puten-Curry-Pfanne

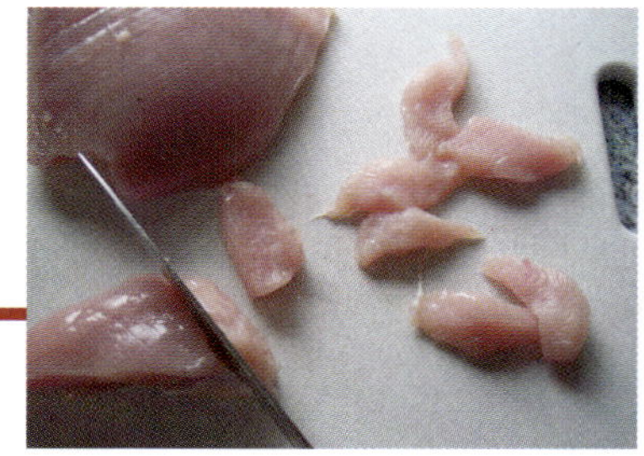

ZUTATEN:

500 g Putenbrust
2 EL Öl

250 g Champignons
1 Zwiebel
2 EL Öl

1 EL Curry
1 EL Mehl
$\frac{1}{8}$ l Schlagobers
$\frac{1}{4}$ l Würfelsuppe
Salz, Pfeffer
1 Knoblauchzehe
$\frac{1}{4}$ Bund Petersilie
(oder Schnittlauch)

1. *Fleisch in etwa 1 cm breite Streifen schneiden.*
2. *Champignons putzen, in einem Sieb waschen und vierteln.*
3. *Zwiebel schälen und klein hacken.*
4. *Öl in einer Pfanne erhitzen und die Putenstreifen rundherum anbraten, mit Salz und Pfeffer würzen, aus der Pfanne nehmen und warm stellen.*
5. *2 EL Öl zum Bratenrückstand geben, Zwiebel und Champignons beifügen und etwa 3 Min. unter Wenden rösten.*
6. *Curry beifügen, kurz mitrösten, mit Mehl stauben, mit Würfelsuppe und Schlagobers aufgießen. Ca. 3 Min. leicht kochen lassen.*
7. *Putenstreifen dazugeben, etwa 5 Min. ziehen lassen, Knoblauch hineinpressen und mit gehackter Petersilie bestreuen.*

Tipp: Bei der Fleischzubereitung die Hygieneregeln beachten (Salmonellengefahr!).
Als Beilage eignen sich gedünsteter Reis und Salate der Saison.

Notizen

Putenragout

ZUTATEN:

500 g Putenbrust
1 mittelgroße Zwiebel
2 EL Öl
Salz, Pfeffer

2 EL glattes Mehl
2 EL Tomatenmark
gut $\frac{1}{4}$ l Würfelsuppe (pflanzlich)

3 EL Crème fraîche

$\frac{1}{3}$ Bund Schnittlauch
(evtl. 1 Teelöffel eingelegter grüner Pfeffer)

1. *Putenbrust in Streifen schneiden.*

(Einhaltung der Hygieneregeln!)

2. *Zwiebel schälen und kleinwürfelig schneiden.*
3. *Öl erhitzen und die Putenstreifen darin rundherum goldbraun anbraten.*
4. *Zwiebel dazugeben und kurz mitrösten. Mit Salz und Pfeffer würzen.*
5. *Mit Mehl stauben und kurz mitrösten.*
6. *Tomatenmark dazugeben und mit Würfelsuppe aufgießen.*
7. *Ca. 15 Min. dünsten lassen.*
8. *Zum Schluss Crème fraîche einrühren und mit Schnittlauchröllchen (evtl. grünem Pfeffer) bestreuen.*

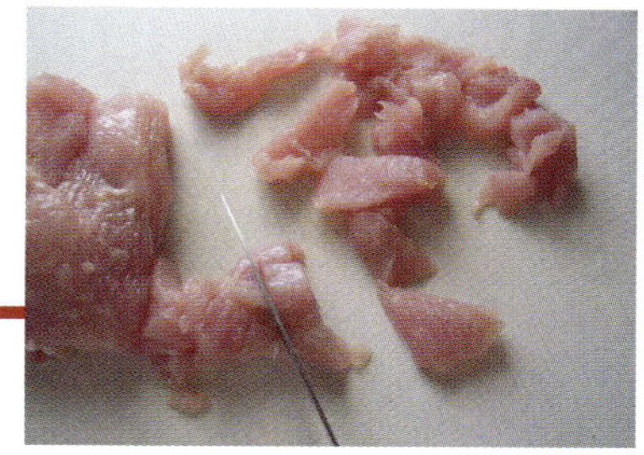

Tipp: Beilagen: Reis, Gemüsereis, bunte Nudeln, verschiedene Salate der Saison. Anstelle von Tomatenmark kann dieses Gericht mit Ananasstücken oder Cocktailfrüchten zubereitet und mit Ingwer gewürzt werden.

Notizen

Putenroulade im Strudelteig

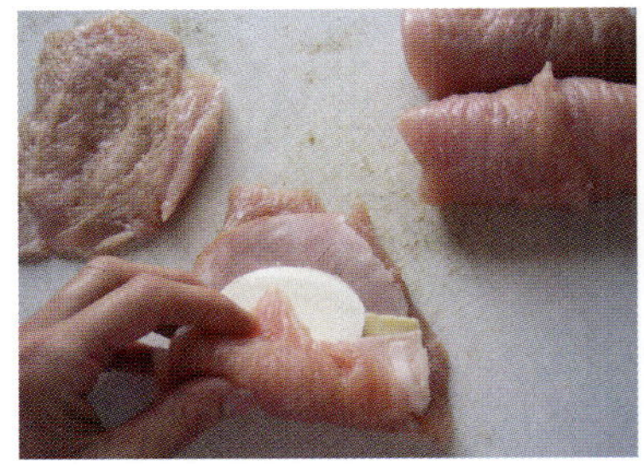

ZUTATEN:

4 kleine Putenschnitzel
(oder Kalbsschnitzel)
Salz, Pfeffer
1 kl. Pkg. Mozzarella (125 g)
2 Scheiben Emmentaler
(ersatzweise Gouda)
2 Scheiben magerer
Schinken

1 Packung Strudelteig
1 Ei zum Bestreichen

LAUCH-SAUCE:

½ Stange Lauch (grüner Teil)
½ kleine Zwiebel
1 EL Öl
gut ⅛ l Suppe (Würfelsuppe)
Salz, Pfeffer
⅓ Bund Petersilie
etwas Zitronensaft
⅛ l Schlagobers

1. *Putenschnitzel leicht klopfen und würzen. (Einhaltung der Hygieneregeln!)*
2. *Backrohr auf 180 °C Heißluft vorheizen.*
3. *Mozzarella gut abtropfen lassen und in dünne Scheiben schneiden. Emmentaler und Schinken halbieren. Strudelteig in 4 Teile teilen.*
4. *Putenschnitzel mit Schinken, Käse und Mozzarella belegen und fest einrollen.*
5. *Teigblätter mit versprudeltem Ei gut bestreichen und die Fleischrouladen einwickeln.*
6. *Rouladen nochmals mit Ei bestreichen, in eine befettete Auflaufform geben und bei 180 °C 25 Min. goldgelb backen.*
   Rouladen aufschneiden und anrichten.

Lauch-Sauce:

1. *Zwiebel hacken und in Öl anrösten.*
2. *Lauch putzen, waschen, fein nudelig schneiden und kurz mitrösten.*
3. *Mit Suppe aufgießen und kurz verkochen lassen.*
4. *Schlagobers, Petersilie und Gewürze dazugeben und die Sauce mit dem Mixstab pürieren.*

Tipp: Besonders appetitlich sehen die Rouladen aus, wenn man den Schinken noch mit blanchierten Spinat- oder Kohlblättern belegt.

Rindsrouladen im Dampfdruckkochtopf

ZUTATEN:

4 Rindsschnitzel
Salz, Pfeffer
1 EL Senf

4 dünne Scheiben Bauchspeck
2 Essiggurken
1 große Karotte
1 EL glattes Mehl
3 EL Öl
1 Zwiebel
¼ l Würfelsuppe

1 EL glattes Mehl
2 EL Wasser
2 EL Crème fraîche

1. *Essiggurken in dünne Scheiben schneiden. Karotte waschen und mit dem Sparschäler in dünne Scheiben schneiden. Zwiebel schälen und hacken.*

2. *Schnitzel klopfen, beidseitig würzen und auf der Oberseite mit Senf dünn bestreichen.*

3. *Schnitzel mit Speck, Gurken und Karotten belegen, eng einrollen und mit Rouladenspießen oder Zahnstochern fixieren.*

4. *Öl im Dampfdruckkochtopf erhitzen, die Rouladen in Mehl wälzen und rundum anbraten.*
5. *Zwiebel dazugeben, kurz mitrösten, mit Würfelsuppe aufgießen, aufkochen lassen und den Dampfdruckkochtopf schließen.*

6. *Wenn der zweite Ring des Ventils sichtbar wird, zurückschalten und ca. 15 Minuten dünsten lassen. Herd ausschalten und noch weitere 5 Min. garen. Überdruck abdampfen oder den Dampfdruckkochtopf unter fließendes kaltes Wasser stellen, bis sich das Ventil schließt, und dann erst öffnen.*

7. *Rouladen herausnehmen. Mehl, Wasser und Crème fraîche gut verrühren, zur Sauce geben, mit dem Mixstab pürieren und einmal aufkochen lassen.*

8. *Rouladen durchschneiden und anrichten.*

Tipp: Als Beilage eignen sich Spätzle oder Nudeln sowie Salate der Saison. Anstelle von Crème fraîche kann auch Sauerrahm genommen werden. Ohne Dampfdruckkochtopf müssen die Rouladen ca. 1 Stunde gedünstet werden.

Notizen

Salatteller mit Putenstreifen

ZUTATEN:

1 Häuptel Kopfsalat
(oder je ⅓ Kopf- und
verschiedene Blattsalate)
50 g Vogerlsalat
⅓ Salatgurke
⅓ gelbe Paprika
½ Bund Radieschen
1 Tomate

MARINADE:

6–8 EL Olivenöl
6–8 EL Balsamico
4 EL Wasser
Kräutersalz
1 Zehe Knoblauch
⅓ Bd. Schnittlauch

300 g Putenbrust
Salz, Pfeffer
2 EL Öl

ZUM BESTREUEN:

Kräuter der Saison

1. *Salat(e) putzen, teilen, die Blätter einzeln unter fließendem Wasser gründlich waschen, gut abtropfen lassen (Salatschleuder verwenden) und in mundgerechte Stücke zerteilen.*
2. *Vogerlsalat in einem Sieb waschen.*
3. *Salatgurke waschen, bitteres Ende entfernen, der Länge nach halbieren und feinblättrig schneiden.*
4. *Paprika waschen, entkernen und feinnudelig schneiden.*
5. *Radieschen und Tomate waschen und in Scheiben schneiden.*
6. *Gemüse gefällig auf Fleischtellern anrichten.*
7. *Für die Marinade Schnittlauch schneiden, mit den angegebenen Zutaten vermengen und über den Salat gießen.*
8. *Pfanne erhitzen und Öl hineingeben.*
9. *Putenbrust in Streifen schneiden, würzen, vollständig in heißem Öl durchbraten und gleichmäßig über die Salatteller verteilen.*
10. *Salat mit gewaschenen Kräutern der Saison (z. B. Schnittlauch, Kresse, Frühlingskräutern …) garnieren.*

Tipp: Die Hygieneregeln bei der Fleischzubereitung unbedingt einhalten! (Salat- und Fleischzubereitung trennen!) Frische Salate und Kräuter versorgen den Körper mit wichtigen Vitaminen und Mineralstoffen.
Zum Salat serviert man frisches Vollkorngebäck oder Knoblauch-/Kräuterbrot.

Schinken-Nudel-Auflauf

ZUTATEN:

250 g Nudeln (Bandnudeln, Hörnchen ...)
Salz
1 EL Öl
200 g Schinken
⅓ Bund Petersilie
4 Eiklar
1 Prise Salz
4 Dotter
2 EL weiche Butter
1 EL Parmesan
100 g Käse, gerieben
Salz
Pfeffer

ZUM BEFETTEN DER FORM:

1 EL Butter

1. *Wasser in einem großen Kochtopf zum Kochen bringen, salzen, Öl hinzufügen und die Nudeln je nach Sorte 8 bis 10 Min. bissfest kochen.*
2. *Nudeln abseihen und abschrecken.*
3. *Auflaufform befetten. Backrohr auf 180 °C Heißluft vorheizen.*
4. *Schinken feinnudelig schneiden. Petersilie waschen, Blätter abzupfen und hacken.*
5. *Eier in zwei Rührschüsseln trennen.*
6. *Eiklar mit einer Prise Salz zu festem Schnee schlagen.*
7. *Alle Zutaten (außer Schnee) miteinander vermengen.*
8. *Schnee unterheben und die Masse in die Auflaufform füllen.*
9. *Ca. 25–30 Min. backen (nach der Hälfte der Backzeit abdecken, damit die Oberfläche nicht zu sehr austrocknet).*

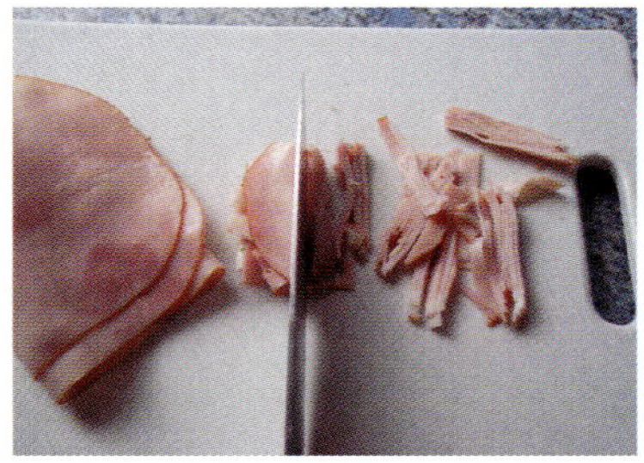

Tipp: Ein ideales Gericht, um Schinkenreste zu verwerten.
Als Beilage eignen sich Blattsalate der Saison.

Notizen

Schollenfilet im Kräutermantel

ZUTATEN:

4 große Schollenfilets
(oder 8 kleine à 70 g)
½ Zitrone
Salz, Pfeffer

2 Eier
3 EL Vollkornmehl
1 Pkg. 8-Kräuter-Mischung
(frische Kräuter nach Wahl)

4 EL Sonnenblumenöl

GARNITUR:

Kräuter der Saison
½ Zitrone

1. *Schollenfilets (Tiefkühlware antauen lassen) mit Zitronensaft beträufeln und mit Salz und Pfeffer würzen.*
2. *Ganze Eier gut verschlagen, mit Vollkornmehl und Kräutern gut vermischen.*
3. *Öl in einer großen Bratpfanne vorsichtig erhitzen.*
4. *Schollenfilets durch den Eierteig ziehen und sofort im Öl von beiden Seiten goldgelb backen.*
5. *Kräuter waschen, in einem Sieb gut abtropfen lassen, hacken und die Filets damit bestreuen.*
6. *Zitrone in Scheiben schneiden und Filets garnieren.*

Tipp: Als Beilage eignen sich Petersilienkartoffeln, Gemüsereis, Kräutersauce sowie Salate der Saison.
Dieses Rezept ist eine gute Alternative zu frittierten Fischgerichten und durch die Aufwertung mit frischen Kräutern vitamin- und mineralstoffreich. Zur Abwechslung können auch Kabeljaufilets verwendet werden.

Notizen

Spinat-Schinken-Nudeln

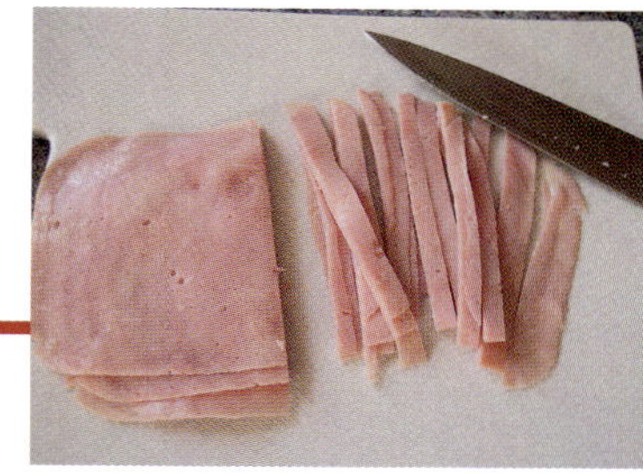

ZUTATEN:

200 g Blattspinat (Tiefkühlspinat)
100 g Schinken
2 Knoblauchzehen
2 EL Öl
⅛ l Würfelsuppe
Salz, Pfeffer
Muskatnuss

200 g Nudeln (Band- oder Spiralnudeln)
1 EL Öl
Salz

2 EL Olivenöl

GARNITUR:

2 EL Parmesan
Kräuter der Saison

1. *Tiefkühl-Blattspinat etwas antauen lassen.*
2. *Schinken in etwa 5 mm dicke Streifen schneiden*
3. *Öl erhitzen, Schinken darin kurz anrösten und Knoblauch dazupressen, Spinat zufügen und kurz mitrösten.*
4. *Mit Suppe aufgießen und mit Salz, Pfeffer sowie Muskatnuss würzen und etwa 2 Min. verkochen lassen.*
5. *Wasser in einem großen Kochtopf zum Kochen bringen, salzen, 1 EL Öl dazugeben und die Nudeln (laut Verpackungshinweis) bissfest kochen.*
6. *Nudeln abseihen und abtropfen lassen.*
7. *Nudeln zur Schinken-Spinatmasse geben, Olivenöl hinzufügen, alles gut erhitzen und abschmecken.*
8. *Anrichten und mit Parmesan (und Kräutern) garnieren.*

Tipp: Den Tiefkühlspinat durch frischen Blattspinat ersetzen. Diesen vorher kurz blanchieren und grob hacken.
Frische Kräuter der Saison werten die Speise zusätzlich auf.

Notizen

Thunfischpasta

ZUTATEN:

1 Zwiebel
2 EL Öl
1 Dose Thunfisch, natur

½ l passierte Tomaten
Salz, Pfeffer
½ TL Basilikum
½ TL Oregano
1 Zehe Knoblauch

250 g Nudeln
Salz

ZUM GARNIEREN:

Basilikumblätter
(4 TL Parmesan)

1. *Zwiebel schälen und fein hacken.*
2. *Zwiebelstücke in Öl goldgelb anrösten.*
3. *Thunfisch abseihen, dazugeben und mit Tomatensauce aufgießen.*
4. *Mit Salz, Pfeffer, Basilikum, Oregano würzen, Knoblauchzehe dazupressen und abschmecken.*
5. *Ca.10 Minuten leicht kochen lassen.*
6. *In der Zwischenzeit Wasser in einem großen Kochtopf (mit Deckel) zum Kochen bringen.*
7. *Wasser salzen, die Nudeln bissfest kochen, abseihen und mit heißem Wasser abschwemmen.*
8. *Nudeln mit Sauce anrichten, (evtl. mit Parmesan bestreuen) und mit Basilikum garnieren.*

Tipp: Beim Einkauf auf Thunfisch aus delphinschonendem Fang achten. Ideale Beilage: Blattsalat der Saison. Kochzeit der Nudeln: Je nach Sorte 8 bis 12 Minuten.

Notizen

Überbackenes Fischfilet

ZUTATEN:

400 g Fischfilet (z. B. Tiefkühl-Dorschfilets, grätenfrei)
½ Zitrone
Salz

½ Zwiebel
1 Zehe Knoblauch
1 EL Dill
1 EL Mehl
¼ l Sauerrahm

4 EL Käse, gerieben (Emmentaler)
3 EL Brösel

ZUM BEFETTEN DER FORM:

1 EL ÖL

1. Backrohr auf 200 °C Heißluft vorheizen.

2. Zitrone auspressen. Den Boden einer Auflaufform befetten.

3. Filets in die Form legen, mit Zitronensaft beträufeln und salzen.

4. Zwiebel in kleine Würfel schneiden und Knoblauch hacken.

5. Zwiebel und Knoblauch mit Dill, Mehl und Sauerrahm verrühren und über die Fischfilets geben. Käse und Brösel darüber streuen.

6. Ca. 10 Minuten mit Deckel und etwa 20 Minuten ohne Deckel backen und gleich servieren.

Tipp: Fisch sollte regelmäßig am Speisezettel stehen.
Er besitzt hochwertiges Eiweiß, wertvolle Fettsäuren sowie wichtige Vitamine und Mineralstoffe.
Als Beilage eignen sich Petersilienkartoffeln und Blattsalate der Saison.

Notizen

Wok-Hühnchen

ZUTATEN:

2 Hühnerfilets (ca. 300 g)
Salz, Pfeffer

2 EL Öl
2 EL Sojasauce
1 Knoblauchzehe
½ TL geriebener Ingwer

250 g Gemüse, fein gestiftelt
(oder 250 g Wokgemüse, tiefgekühlt)

⅓ Bd. Schnittlauch

1. *Hühnerfilets in Streifen schneiden, salzen und pfeffern.*
2. *Wok (oder Bratpfanne) erhitzen, Öl dazugeben und das Hühnerfleisch darin unter Rühren gut durchbraten.*
3. *Fleisch mit Sojasauce, Knoblauch und Ingwer vermischen und herausnehmen.*
4. *Gemüse im Bratrückstand rösten (frisches Gemüse ca. 5 bis 8 Min., Tiefkühlgemüse laut Packungsanweisung).*
5. *Hühnerfleisch wieder untermischen und alles nochmals gut erhitzen.*
6. *Schnittlauch waschen und fein schneiden.*
7. *Wok-Hühnchen auf vorgewärmten Tellern anrichten und mit Schnittlauchröllchen garnieren.*

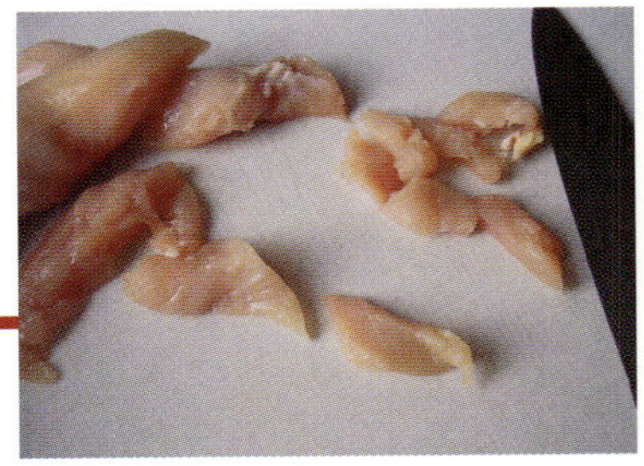

Tipp: Beilage: Reis oder Glasnudeln.
Die Hygienevorschriften beachten! Plastikbrett verwenden, Arbeitsfläche sauber halten, Hände waschen, rohes Fleisch nicht mit anderen Lebensmitteln in Berührung kommen lassen und gut durchbraten!
Der Wok kann durch eine große Bratpfanne ersetzt werden.

Notizen

Beilagen

Beilagen

Beilagen sind nicht nur „Beilagen"!

Vor allem von
Kartoffel- und Reisbeilagen
darf ruhig
etwas mehr am Teller sein.

Folienkartoffeln

ZUTATEN:

8 große Kartoffeln (mehlige Kartoffeln bevorzugen!)

Alufolie

FÜR DIE FÜLLE:

¼ l saurer Rahm
Salz
1–2 Zehen Knoblauch
1 Bund Schnittlauch (bzw. wahlweise andere Küchenkräuter)

1. *Backrohr auf 180 °C Heißluft vorheizen. Backblech vorbereiten.*
2. *Kartoffeln gründlich mit einer Gemüseputzbürste waschen, 1 x kreuzweise einschneiden und in Alufolie wickeln. (Verschluss soll auf der Oberseite sein!)*
3. *Je nach Größe 50 bis 60 Minuten auf einem Backblech oder in einer großen Auflaufform backen.*
4. *Schnittlauch (Kräuter) waschen und fein schneiden bzw. hacken. Alle Zutaten miteinander mischen und mit Salz und Knoblauch abschmecken.*
5. *Kartoffeln aus dem Rohr nehmen – Folie öffnen und an der eingeschnittenen Oberseite etwas auseinander drücken. Kartoffeln mit Sauce füllen und gleich servieren.*

Tipp: Die Folienkartoffeln eignen sich gut als Beilage zu kurz gebratenem oder gegrilltem Fleisch oder als eigenständiges Gericht.
Die Sauce kann nach persönlichen Vorlieben variiert werden.

Notizen

Kartoffelpüree

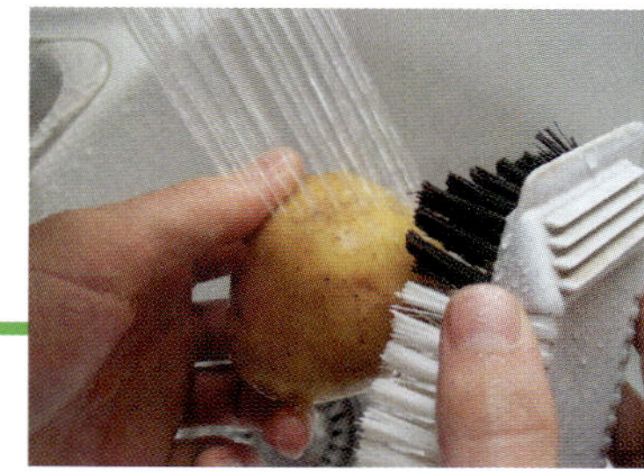

ZUTATEN:

1 kg Kartoffeln (mehlig)

¼ l Milch
1 EL Butter
Salz
Muskatnuss

ZUM BESTREUEN:

⅓ Bund Schnittlauch

1. *Kartoffeln gründlich mit Hilfe der Gemüseputzbürste waschen.*
2. *Im Dampfdruckkochtopf (Siebeinsatz mit wenig Wasser) je nach Größe 8 bis 10 Min. dämpfen. (Beachte die Sicherheitsvorschriften!)*
3. *Milch, Butter und Gewürze erhitzen.*
4. *Heiße Kartoffeln schälen und mittels Kartoffelpresse in die heiße Milch pressen.*
5. *Alles nochmals mit einer Schneerute oder dem Mixer glatt rühren.*
6. *Schnittlauch waschen, fein schneiden und über das angerichtete Püree streuen.*

Tipp: Wenn es schnell gehen soll, die Kartoffeln schälen, vierteln, in Salzwasser weich kochen und mit der heißen Milch vermengen. Durch diese Zubereitungsart gehen jedoch wertvolle Inhaltsstoffe verloren. Kartoffelpüree ist eine wesentlich fettärmere Beilage als Pommes frites.

Notizen

Kräuterbaguette

ZUTATEN:

1 Vollkornbaguette

80 g Butter
Kräutersalz
¼ Bd. Schnittlauch
¼ Bd. Petersilie
(Kerbel, Majoran, Thymian …
oder verschiedene Frühlingskräuter)

Alufolie

1. *Backrohr auf 180 °C Heißluft vorheizen.*
2. *Kräuter waschen, gut abtropfen lassen und fein schneiden bzw. klein hacken.*
3. *Butter mit dem Mixer flaumig rühren.*
4. *Butter salzen und mit den Kräutern vermischen.*
5. *Baguette schräg einschneiden (Boden nicht ganz durchschneiden!) und Kräuterbutter in die Schnittflächen einstreichen.*
6. *Baguette ganz in Alufolie wickeln (Enden sollen oben sein), ca. 10 Min. im heißen Rohr backen.*
7. *Mit einem Messer in Stücke teilen und servieren.*

Tipp: Dieses Gebäck passt hervorragend zu einer Salatschüssel und ist eine beliebte Beilage zu Grillfleisch.
Man kann die Brote auch ganz durchschneiden, die Scheiben einzeln bestreichen und offen auf einem Blech backen.

Knoblauchbaguette

ZUTATEN:

1 Vollkornbaguette

80 g Butter
Kräutersalz
2 Zehen Knoblauch

Gleiche Zubereitung wie oben.

Butter flaumig rühren, salzen und Knoblauch dazupressen. Eventuell noch mit Kräutern verfeinern.

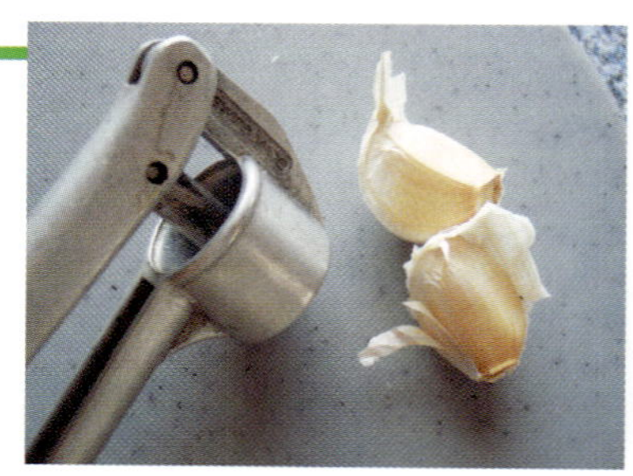

Petersilienkartoffeln

ZUTATEN:

8 mittelgroße Kartoffeln (fest kochende)

½ Bund Petersilie
2 EL Butter
Salz

Tipp: Kartoffeln lassen sich vielseitig zubereiten und sind eine wertvolle Beilage. Petersilie zur Abwechslung durch Rosmarin oder Dille ersetzen.

1. *Kartoffeln in wenig Wasser dämpfen (ca. 30 Minuten).*
2. *Petersilie fein hacken.*
3. *Kartoffeln abseihen, schälen und vierteln.*
4. *Butter in einer Pfanne erwärmen, die Kartoffeln dazugeben und schwenken.*
5. *Kurz vor dem Anrichten mit Petersilie bestreuen und salzen.*

Röstkartoffeln

ZUTATEN:

8 mittelgroße Kartoffeln (fest kochende)

1 Zwiebel
3 EL Butter oder Öl

Salz, Pfeffer
Kümmel, ganz
⅓ Bund Petersilie

1. *Kartoffeln in wenig Wasser dämpfen (ca. 30 Minuten).*
2. *Zwiebeln fein hacken, etwas Butter oder Öl in einer großen Pfanne erhitzen und die gehackten Zwiebeln darin goldgelb anrösten.*
3. *Kartoffeln abseihen, schälen, blättrig schneiden, in der Pfanne anrösten und würzen.*
4. *Vor dem Servieren noch mit frisch gehackter Petersilie bestreuen.*

Reis

ZUTATEN:

200 g Langkornreis
Wasser
Salz

½ kleine Zwiebel
4 Gewürznelken

1. Reis mit der doppelten Menge kaltem Wasser zustellen und salzen.

2. Zwiebel schälen, mit Gewürznelken bespicken und zum Reis geben.

3. Nach dem Aufkochen zugedeckt auf kleinster Stufe je nach Sorte ca. 20 bis 25 Min. dünsten.

4. Zwiebel entfernen und anrichten.

Tipp:
Zum Anrichten und Portionieren Reis in einen feuchten Schöpfer drücken und auf Platte oder Teller stürzen.

Notizen

Erbsenreis

ZUTATEN:

200 g Langkornreis
Wasser
Salz
½ Suppenwürfel

½ kleine Zwiebel
2 Gewürznelken

100 g Tiefkühlerbsen

1. Reis mit der doppelten Menge kaltem Wasser zustellen und mit Salz und Suppenwürfel würzen.

2. Zwiebel schälen, mit Gewürznelken bespicken und dazugeben.

3. Reis aufkochen und zugedeckt ca. 15 Min. auf kleinster Stufe ausdünsten lassen.

4. Zwiebel entfernen, Erbsen dazugeben, umrühren und noch ca. 10 Min. mit Deckel dünsten lassen.

Sauce Tartare

ZUTATEN:

1/8 l Sauerrahm
1/8 l Joghurt
1/2 kleine Zwiebel
1 bis 2 Essiggurken
1 TL Kapern
1/2 TL Sardellenpasta
Salz, Pfeffer
1/4 Bd. Petersilie

1. *Sauerrahm und Joghurt in eine Schüssel geben und die Zutaten der Reihe nach dazugeben.*
2. *Zwiebel schälen und fein hacken.*

3. *Essiggurken feinwürfelig schneiden.*
4. *Petersilie waschen, abtropfen lassen und hacken.*
5. *Alle Zutaten gut vermischen und abschmecken.*

Tipp: Die Saucen passen zu Grillfleisch oder Fondue.

Notizen

Teufelsauce

ZUTATEN:

1/4 l Ketchup (hot oder mild)
1/2 säuerlicher Apfel
1/2 kleine Zwiebel
1/2 grüne Paprika
3 Pfefferoni (Glas)
Salz
Pfeffer

1. *Ketchup in eine Schüssel geben und die Zutaten der Reihe nach dazugeben.*
2. *Zwiebel schälen und fein schneiden.*
3. *Apfel und Paprika gründlich waschen und in kleine Würfel schneiden.*

4. *Pfefferoni gut abtropfen lassen und ebenfalls feinwürfelig schneiden.*
5. *Alles gut vermischen und abschmecken.*

Spätzle

ZUTATEN:

300 g Weizenvollkornmehl
Salz
2 Eier
¼ Liter Milch (oder Wasser)

ZUM BESTREUEN:

Schnittlauch oder Petersilie

ZUM SCHWENKEN:

2 EL Butter

1. *Wasser in einem großen Kochtopf zum Kochen bringen (mit Deckel!).*
2. *In der Zwischenzeit Mehl, Salz, Eier und Milch mit dem Kochlöffel zu einem Teig verrühren.*

3. *Kochwasser salzen. Teig durch ein Spätzlesieb oder mit dem Spätzlehobel ins leicht kochende Wasser streichen.*

4. *Spätzle ca. 3 Min. leicht kochen lassen. (Ohne Deckel! ab und zu umrühren!)*

5. *Spätzle abseihen und kurz mit heißem Wasser abschwemmen.*

6. *Kräuter waschen, hacken oder fein schneiden.*

7. *Entweder die Spätzle gleich anrichten oder Butter zerlassen und die Spätzle darin schwenken.*
8. *Spätzle mit zerkleinerten Kräutern bestreuen.*

Tipp: Während dem Einkochen ab und zu umrühren, damit die Spätzle nicht zusammenkleben. Das Salzwasser frühzeitig zum Kochen bringen und den Teig nicht stehen lassen, sonst wird er zäh.

Notizen

Salate – kunterbunt

Salate liefern nicht nur wertvolle Vitamine und Mineralstoffe, sie bringen Abwechslung in den Speisezettel und können Hauptmahlzeiten ersetzen. Eines sollte man nicht tun: den Salat zur Beilage „degradieren“ und bescheiden neben den Hauptgang stellen. Das Aroma frischer Kräuter, vielfältige Marinaden mit hochwertigen Ölen und bestem Essig zeichnen die abwechslungsreichen Salate aus.

Asiatischer Nudelsalat

ZUTATEN:

150 bis 200 g Tiefkühl-Mischgemüse
150 g Spiralnudeln (oder chinesische Eiernudeln)
Salzwasser

200 g Chinakohl
1 Dose Thunfisch, natur

⅓ Bund Basilikum (oder Tiefkühlbasilikum)
2 bis 3 EL Sojasauce
3 EL Essig
3 EL Öl
Salz
(eventuell Ingwer und Chiligewürz)

1. *Tiefkühlgemüse in wenig kochendem Wasser dünsten, abseihen und auskühlen lassen.*
2. *Salzwasser zum Kochen bringen. Nudeln in kochendes Salzwasser geben und bissfest garen (Anleitung auf der Verpackung beachten!). Mit kaltem Wasser „abschrecken" und auskühlen lassen.*
3. *In der Zwischenzeit Chinakohl putzen, unter fließendem Wasser die Blätter einzeln waschen, abtropfen lassen und in 1–2 cm breite Streifen schneiden.*
4. *Thunfischdose öffnen, abseihen, abtropfen lassen und zusammen mit dem Chinakohl in eine große Salatschüssel geben.*
5. *Basilikum waschen, fein hacken und mit Sojasauce, Essig, Öl und Salz vermischen.*
6. *Alle Zutaten vorsichtig vermengen, abschmecken und anrichten.*

Tipp: Ein idealer Salat für die Wintermonate. Der Salat kann auch noch mit Ingwer, Chili- oder Chinagewürz verfeinert werden.

Notizen

Bunter Wurstsalat

ZUTATEN:

2 Eier

200 g Extrawurst
(oder Krakauer)
1 kleine Zwiebel
1/3 Salatgurke
1/3 grüne Paprika
1/3 rote Paprika
1/3 gelbe Paprika
(oder 1 grüne Paprika)
2 Essiggurken
1 Apfel
100 g Gouda
1/3 Bund Schnittlauch

MARINADE:

5 EL Essig
5 EL Öl
5 EL Wasser
Kräutersalz, Pfeffer
Paprikapulver
1 TL Senf

1. *Eier hart kochen (10 Min.), kalt abschrecken und mit dem Eierteiler in Scheiben schneiden.*
2. *Wurst in feine Streifen schneiden.*
3. *Zwiebel schälen und würfelig schneiden.*
4. *Gemüse und Apfel gründlich waschen und würfelig schneiden.*
5. *Essiggurken und Gouda in Würfel schneiden.*
6. *Alle Zutaten mit der Marinade in einer Salatschüssel gut vermischen.*
7. *Schnittlauch waschen und fein schneiden.*
8. *Salat anrichten, mit Ei-Scheiben dekorieren und mit Schnittlauch bestreuen.*

Marinade:

Alle Zutaten in einem Gefäß gut vermischen und abschmecken.

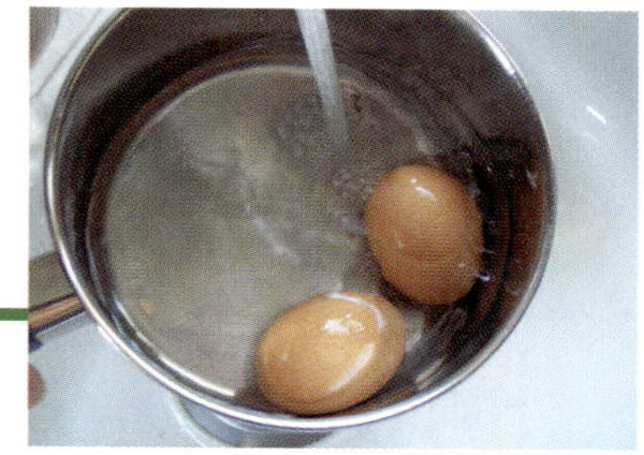

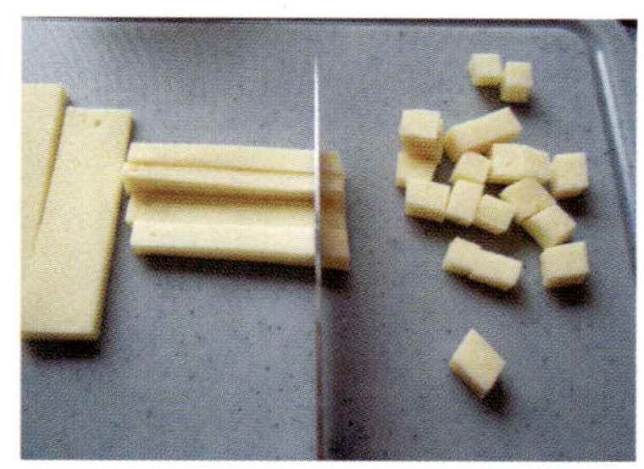

Tipp: Für dieses Rezept können auch andere Wurstsorten verwendet und die Lieblingsgemüsesorten bevorzugt werden.
Reichlich Brot oder Vollkorngebäck dazu essen!

Notizen

Chinakohlsalat

ZUTATEN:

200 g Chinakohlsalat

4 EL Öl
4 EL Essig
4 EL Wasser
1 Knoblauchzehe
Salz
Kräuter nach Belieben

1. *Äußere Salatblätter entfernen, Salat in Blätter teilen und einzeln unter fließendem Wasser gründlich waschen.*
2. *Mehrere Blätter aufeinander legen und feinnudelig schneiden.*
3. *Aus Öl, Essig, Wasser, Salz und zerdrückter Knoblauchzehe eine Marinade zubereiten.*
4. *Salat mit der Marinade vermischen und anrichten.*

Tipp: Paprikasorten nach Angebot verwenden oder geraspelte Karotten untermischen. Chinakohl kann man nicht nur als Salat, sondern auch als gedämpftes Gemüse mit einer würzigen Sauce essen.

Notizen

Bunter Chinakohlsalat

ZUTATEN:

Zusätzlich:
$\frac{1}{3}$ grüne Paprika
$\frac{1}{3}$ gelbe Paprika
$\frac{1}{3}$ rote Paprika

1. *Paprika gründlich waschen.*
2. *Kerngehäuse entfernen und feinwürfelig schneiden.*
3. *Vor dem Marinieren unter den Salat mischen.*

Griechischer Salat

ZUTATEN:

4 Tomaten
1 grüne Paprika
½ Salatgurke
1 Zwiebel

MARINADE:

6 EL Olivenöl
6 EL Essig
4 EL Wasser
Salz, Pfeffer
Oregano oder Majoran

200 g Schafskäse
½ Glas schwarze Oliven

1. *Zwiebel schälen und das restliche Gemüse gründlich waschen.*
2. *Gurke der Länge nach halbieren, auf die Schnittfläche legen, nochmals der Länge nach durchschneiden, fein schneiden und in eine Glasschüssel geben.*
3. *Tomaten halbieren, Stängelansatz kreuzweise herausschneiden und die Tomatenhälften vierteln.*
4. *Paprika vierteln (Kerne und Stängelansatz entfernen) und in Streifen schneiden.*
5. *Zwiebel halbieren und in feine Ringe schneiden.*
6. *Alle Zutaten der Marinade miteinander mischen.*

7. *Geschnittenes Gemüse mit der Marinade vermengen und anrichten.*
8. *Schafskäse in Würfel schneiden und mit den Oliven über dem Salat verteilen.*

Tipp: Der bekannte Salat gehört zu den Vorspeisen, die an heißen Tagen das Hauptgericht ersetzen können.
In Griechenland wird frisches Weißbrot dazu gegessen.
Viel frisches Gemüse sowie Schafskäse und Olivenöl liefern dem Körper wertvolle Vitamine und Mineralstoffe.

Notizen

Tomatensalat

ZUTATEN:

½ kg Tomaten

1 Zwiebel
¼ Bd. Petersilie

4 EL Öl
4 EL Essig
4 EL Wasser
Salz, Pfeffer

1. *Tomaten gründlich waschen.*
2. *Tomaten in Scheiben schneiden (Stängelansatz entfernen).*
3. *Tomatenscheiben in Salatschüsseln oder auf Desserttellern anrichten.*

4. *Zwiebel und Petersilie hacken und mit den Zutaten der Marinade vermischen.*
5. *Marinade über den Tomatenscheiben gleichmäßig verteilen.*

Gurkensalat

ZUTATEN:

1 große Salatgurke

¼ l Naturjoghurt
2 EL Öl
2 EL Essig
Salz, Pfeffer
Kümmel
Paprikapulver
Dille

1. *Gurke gründlich waschen (nur Freilandgurken schälen!), Enden abschneiden und einmal in der Mitte durchschneiden.*
2. *Gurke fein hobeln, und mit den angegebenen Zutaten vermengen.*

3. *Gurkensalat anrichten, mit Paprikapulver und Dille zusätzlich garnieren.*

Tipp: 2 Kartoffeln dämpfen, blättrig schneiden und unter den Salat mischen.

Kartoffel-Endivien-Salat

ZUTATEN:

2 große oder 4 kleine Kartoffeln
½ Kopf Endiviensalat

MARINADE:

5 EL Essig
4 EL Öl
5 EL Wasser
(1 TL Zucker)
Kräutersalz
2 Zehen Knoblauch

1. Kartoffeln dämpfen, schälen und feinblättrig schneiden.

2. Salat putzen, äußere Salatblätter entfernen und in Blätter teilen.

3. Salatblätter einzeln unter fließendem Wasser gründlich waschen, gut abtropfen lassen.

4. Mehrere Blätter aufeinander legen und in feine Streifen schneiden.

Marinade:

5. Öl, Essig, Wasser (Zucker) und Salz in einem kleinen Gefäß vermengen. Knoblauch schälen und dazupressen.

6. Geschnittene Kartoffeln und Endiviensalat mit der Marinade vermengen und gleich servieren.

Tipp: Auch wenn der Endiviensalat oft bitter schmeckt, nicht in Wasser einweichen, Vitamine und Mineralstoffe gehen sonst verloren!
Etwas Zucker zur Marinade geben, dieser reduziert den bitteren Geschmack.

Notizen

Kartoffelsalat

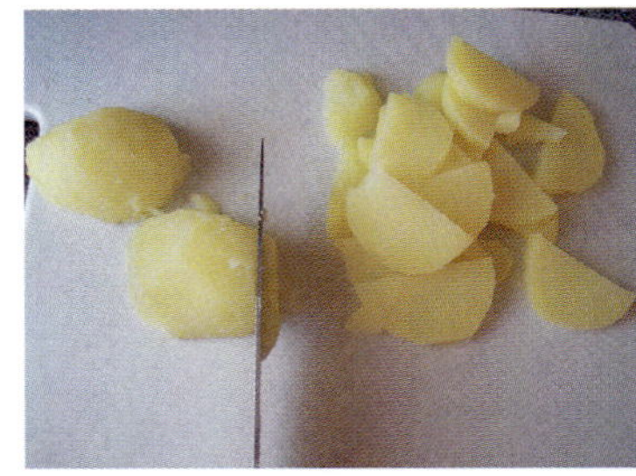

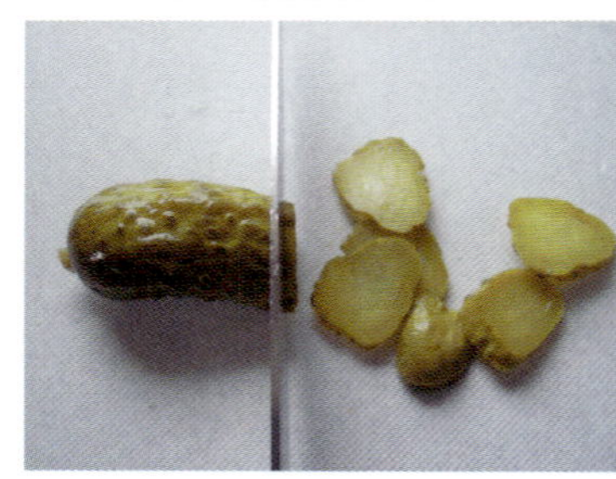

ZUTATEN:

1 kg Kartoffeln
(fest kochend)

gut 1/8 l Wasser
1/2 Suppenwürfel (pflanzlich)

1 gelbe oder rote Zwiebel
(ersatzweise Lauch)
3 Essiggurken

MARINADE:

4 EL Essig
4 EL Öl
4 EL Wasser
1 TL Senf
Salz
Pfeffer

1/2 Bund Schnittlauch

1. *Kartoffeln waschen und im Siebeinsatz oder mit dem Dampfdruckkochtopf dämpfen.*
2. *Kartoffeln schälen, der Länge nach halbieren und blättrig schneiden.*
3. *Wasser aufkochen, Suppenwürfel darin auflösen und über die noch warmen Kartoffeln gießen.*
4. *Zwiebel schälen, fein hacken und dazugeben.*
5. *Essiggurken fein schneiden und untermischen.*
6. *Alle Zutaten der Marinade gut vermischen, den Salat damit abmachen und alles (kühl) ziehen lassen.*
7. *Schnittlauch waschen und fein schneiden.*
8. *Kartoffelsalat abschmecken, anrichten und mit Schnittlauchröllchen bestreuen.*

Tipp: Unbedingt fest kochende Kartoffeln verwenden!
Wenn es besonders schnell gehen sollte, die geschälten Kartoffelscheiben kochen, abseihen und auf einem Backblech auskühlen lassen.
Während des Ziehens kühl stellen und möglichst rasch verbrauchen.

Notizen

Roter Rübensalat

ZUTATEN:

500 g Rote Rüben
4 EL Essig
4 EL Öl
4 EL Wasser
Salz, Pfeffer, Kümmel
1 Prise Zucker
1 TL geriebener Kren

1. *Rote Rüben putzen und waschen (Stängel- und Wurzelansatz nicht entfernen sowie die Haut nicht verletzen!).*
2. *Rote Rüben weich kochen. (Je nach Größe 30 bis 40 Min. oder im Schnellkochtopf 12 Min.) Gekochte Rüben abschrecken und schälen.*
3. *Rote Rüben feinblättrig schneiden oder fein hobeln.*
4. *Mit den angegebenen Zutaten marinieren und etwas durchziehen lassen.*

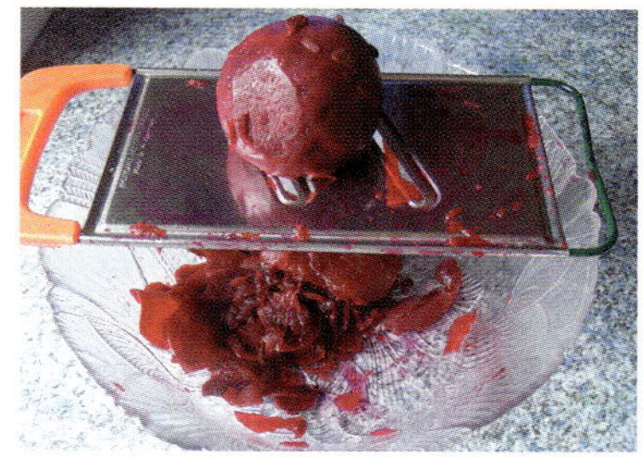

Tipp: Bereits vorgekochte Rote Rüben kaufen.

Krautsalat

ZUTATEN:

500 g Weißkraut
6 EL Essig
6 EL Öl
6 EL Wasser
Salz, Kümmel
100 g Selchspeck

1. *Äußere Krautblätter entfernen und das Kraut feinnudelig schneiden oder hobeln.*
2. *Aus den angegebenen Zutaten eine Marinade zubereiten, über das Kraut gießen und gut durchrühren.*
3. *Speckwürfel rösten und über das Kraut gießen.*

Tipp: Fein geraspelte Karotten untermischen.

Mischsalat (für 4–6 Personen)

ZUTATEN:

1 Häuptel Kopfsalat
(z. B. Grazer Häuptel)
$\frac{1}{4}$ grüne Paprika
$\frac{1}{4}$ gelbe Paprika
$\frac{1}{2}$ Bd. Radieschen
$\frac{1}{4}$ Salatgurke
1 Tomate

MARINADE:

6 EL Öl (Olivenöl)
6 EL Essig
6 EL Wasser
Kräutersalz
1 Knoblauchzehe

$\frac{1}{3}$ Bd. Schnittlauch

1. Salat putzen, Strunk entfernen und die Blätter einzeln unter fließendem Wasser waschen, gut abtropfen lassen (Salatschleuder) und in mundgerechte Stücke teilen.

2. Paprika, Radieschen, Gurke und Tomate gründlich waschen und in dünne Streifen bzw. Scheiben schneiden.

3. Alle vorbereiteten Zutaten in eine große Schüssel geben, den Salat abmachen (marinieren) und anrichten.

Marinade:

1. Öl, Essig, Wasser und Salz vermischen.

2. Knoblauch schälen und dazupressen.

3. Schnittlauch waschen, in feine Röllchen schneiden und über den angerichteten Salat streuen.

Tipp: Im Sommer eine leichte Mahlzeit, die schnell zuzubereiten ist. Als Beilage ein Kräuter- oder Knoblauchbrot reichen.
Die Lieblingsgemüsesorten für den Salat bevorzugen und individuell, je nach Angebot, mischen.

Notizen

Nudelsalat

ZUTATEN:

200 g Nudeln
(z. B. Spiralen, Hörnchen)

1 großer Apfel
2 Essiggurken
150 g Schinken
150 g Emmentaler oder Gouda

⅓ Bund Petersilie

1 Becher Crème fraîche
¼ l Joghurt
¼ l Sauerrahm
2 EL Ketchup
1 EL Senf
3 EL Essig
Salz, Pfeffer
Paprikapulver

ZUM GARNIEREN:

4 Salatblätter
2 Essiggurken
(evtl. Tomaten)

1. *Einen großen Kochtopf mit Wasser zum Kochen bringen.*
2. *Wasser salzen, Nudeln laut Packungsangabe bissfest kochen, abseihen, kalt abschrecken und auskühlen lassen.*
3. *Apfel waschen und in kleine Stücke schneiden.*
4. *Essiggurken, Schinken und Käse in kleine Würfel schneiden.*
5. *Petersilie waschen und hacken.*
6. *Crème fraîche, Joghurt, Sauerrahm, Ketchup, Senf, Essig und die Gewürze verrühren, abschmecken und Petersilie untermischen.*
7. *Sauce mit den anderen Zutaten unter die Nudeln mischen, den Salat gut durchziehen lassen.*
8. *Salatblätter waschen, gut abtropfen lassen und auf Tellern anrichten. Garnitur vorbereiten.*
9. *Vor dem Portionieren den Salat nochmals abschmecken, auf Salatblättern anrichten und garnieren.*

Tipp: Ein einfaches und sehr schnelles Rezept! Eine ideale Speise für Gäste, da der Salat vorbereitet werden kann.

Salatschüssel mit Kräuterdressing (für 4–6 Personen)

ZUTATEN:

1 Häuptel Kopfsalat (oder je nach Angebot Blattsalate gemischt)
¼ grüne Paprika
¼ gelbe Paprika
½ Bund Radieschen
¼ Salatgurke
1 Tomate

DRESSING:

¼ l Naturjoghurt
¼ l Sauerrahm
Kräutersalz
2 EL Essig
Saft einer ½ Zitrone
1 Knoblauchzehe

⅓ Bund Schnittlauch
Kräuter der Saison (ersatzweise Kresse oder Basilikum)

1. Salat(e) putzen, unter fließendem Wasser die Blätter einzeln waschen, gut abtropfen lassen (Salatschleuder) und in mundgerechte Stücke teilen.

2. Paprika, Radieschen, Gurke und Tomate gründlich waschen und in dünne Streifen bzw. Scheiben schneiden.

3. Alle vorbereiteten Zutaten in Salatschüsseln oder auf Salattellern anrichten.

Dressing:

1. Joghurt, Sauerrahm, Salz, Essig und Zitronensaft in einem Gefäß vermengen.

2. Knoblauch schälen und dazupressen.

3. Kräuter waschen, fein schneiden bzw. hacken und untermischen.

4. Dressing gut verrühren, abschmecken und über den Salat gießen.

Tipp: Salate der Saison verwenden und die Kräuter im Dressing variieren, so schmeckt der Salat immer anders und wird keine „langweilige“ Beilage!

Notizen

Brotmahlzeit mit Gemüseallerlei

Unser tägliches Brot!

Wenn Brot zur „Schnecke“ gemacht wird bringt es Glück und verheißt ein langes Leben. Es gibt unzählige Variationen der einfachen Zubereitung. Selbst gemachtes Brot mit frischem Gemüse variiert, hält den Körper in Schwung.

Brotbaum (für 1 Blech)

ZUTATEN:

600 g Vollkornmehl
1 Pkg. Trockengerm
½ TL Zucker
1 TL Salz
2 EL Brotgewürz
(Anis, Fenchel, Koriander, Kümmel ...)
ca. 400 ml lauwarmes Wasser

ZUM BESTREUEN ENTWEDER/ODER:

Kümmel, Mohn, Sesam, Nüsse, Sonnenblumenkerne ...

Backtrennpapier

1. *Mehl in eine Rührschüssel geben. Trockengerm, Zucker, Salz, Gewürzmischung und das lauwarme Wasser dazugeben.*
2. *Mit einem Holzkochlöffel gut vermengen und abschlagen bzw. mit der Küchenmaschine kneten, bis der Teig sich von der Schüssel löst und samtig weich ist.*
3. *Teig bemehlen, mit einem Geschirrtuch abdecken und an einem warmen Ort bis zur doppelten Menge aufgehen lassen.*
4. *Aus einem Viertel des Teiges drei Stränge formen und den Baumstamm flechten.*
5. *Restlichen Teig in ca. 15 Teile teilen. Aus den Teigstücken Kugeln formen, mit der hohlen Hand ausformen, bis sie schön rund sind (= schleifen). Aus zwei Kugeln Teigtiere formen. Geformte Teigstücke am Backtrennpapier zu einem Baum anordnen.*
6. *Brotbaum nochmals etwa 20 Min. gehen lassen.*
7. *Backrohr auf 180 °C Heißluft vorheizen.*
8. *Mit Wasser bestreichen und mit Gewürzen bestreuen.*
9. *Ca. 25 Minuten backen, vorsichtig auf ein Gitter heben und auskühlen lassen.*

Tipp:
Nicht nur ein „Augenschmaus"! – Die Mühe lohnt sich.
Es kann auch eine Blume oder Sonne geformt werden.

Vegetarische Brotspieße

ZUTATEN:

4 Scheiben Vollkornbrot
oder
2 Kornspitz
4 EL Kräuteraufstrich
100 g Gouda
1 Bd. Radieschen
¼ Salatgurke
1 große Karotte
½ grüne Paprika
8 Cocktailtomaten
4–8 Holzspieße

1. *Brot oder Kornspitz mit Kräuteraufstrich bestreichen, zusammenklappen und in Würfel schneiden.*
2. *Käse in Würfel schneiden.*
3. *Gemüse gründlich waschen, gut abtropfen lassen oder abtrocknen.*
4. *Große Radieschen halbieren, Karotte und Gurke mit dem Dressiermesser in Scheiben schneiden. Aus der Paprika verschiedene Motive (mit Keksausstechern) ausstechen.*
5. *Alles abwechselnd auf die Spieße stecken.*

Tipp: Alternativ zu Kräuteraufstrich die Brote mit Butter bestreichen.
Für kleine Brotspieße Zahnstocher verwenden.

Brotspieße mit Schinken

ZUTATEN:

Zutaten wie oben
und
4 Scheiben Magerschinken

Zubereitung wie oben.

Schinkenblätter halbieren, aufrollen und abwechselnd mit Gemüse und Brot aufstecken.

Buttermilchbrötchen

ZUTATEN:

500 g Dinkelvollmehl
1 TL Salz
1 Pkg. Trockengerm
½ TL Zucker
1 TL Kümmel
1 TL Fenchel
1 TL Anis
knapp ½ Liter lauwarme Buttermilch

ZUM BESTREICHEN:

1 Dotter
2 EL Buttermilch

ZUM BESTREUEN:

Kümmel, Sesam …

1. *Dinkelvollmehl mit Salz in einer Rührschüssel gut vermischen. Trockengerm, Zucker und Gewürze hinzufügen und alles gut vermengen.*
2. *Lauwarme Buttermilch (2 EL zum Bestreichen weggeben) dazuschütten und gut durchkneten.*
3. *Zugedeckt an einem warmen Ort bis zur doppelten Höhe gehen lassen.*
4. *Backblech mit Backtrennpapier auslegen. Backrohr auf 200 °C Heißluft vorheizen.*
5. *Teig in 12 Teile teilen und mit der Handinnenfläche zu Kugeln „schleifen".*
6. *Brötchen aufs Backblech setzen und nochmals ca. 20 Min. gehen lassen.*
7. *Dotter und Buttermilch versprudeln, die Brötchen damit bestreichen und mit Gewürzen bestreuen.*
8. *Ca. 25 bis 30 Min. backen und auf einem Gitter auskühlen lassen.*

Tipp: Während des Backens ein Gefäß mit Wasser ins Rohr stellen.

Notizen

Radieschenmäuse (für 1 Person)

ZUTATEN:

1 großes Salatblatt (gewaschen)
4 Radieschen
Salz

1. *Ein Radieschen für die Ohren in dünne Scheiben schneiden.*
2. *Restliche Radieschen an der Unterseite etwas abflachen, Augen mit dem Messer einschneiden, in der Mitte einen V-Schnitt machen, Ohren einsetzen und salzen.*
3. *Laut Abbildung anrichten.*

Fliegenpilz (für 1 Person)

ZUTATEN:

1 Ei
1 Salatblatt (gewaschen)
½ kleine Tomate
Salz
etwas Petersilie

1. *Ei 10 Min. kochen, kalt abschrecken, schälen und an einer Seite etwas abflachen.*
2. *Aus den Abschnitten kleine Würfel schneiden.*
3. *Tomatenhälfte etwas aushöhlen. Fliegenpilz laut Abbildung anrichten und dekorieren.*

Tomatenkäfer (für 1 Person)

ZUTATEN:

1 Ei
1 Salatblatt (gewaschen)
½ kleine Tomate
Salz
etwas Petersilie
2 Pfefferkörner

1. *Ei 10 Min. kochen, kalt abschrecken, schälen und an einer Seite etwas abflachen.*
2. *Aus den Abschnitten kleine Würfel schneiden. ⅔ der Eikuppe abschneiden, passende Tomatenspalten zuschneiden und als Rücken auflegen.*
3. *Laut Abbildung dekorieren.*

Tipp: „Tierische Dekorationen" sind nicht nur bei kalten Platten der „Tupfen auf dem i".

Heißer Vitaminburger

ZUTATEN:

4 Stück Kornspitz
etwas Butter

8 Scheiben mageren Schinken
4 Scheiben Käse
½ grüne Paprika
½ kleine Zwiebel
Paprikapulver

1. *Backrohr auf 180 °C Heißluft vorheizen.*
2. *Kornspitz mit einem Sägemesser waagrecht durchschneiden.*
3. *Die untere Hälfte mit Butter bestreichen.*
4. *Mit je zwei Blatt Schinken belegen.*
5. *Paprika waschen, in Streifen schneiden und auflegen.*
6. *Zwiebel in Scheiben schneiden und gleichmäßig verteilen.*
7. *Käsescheiben zum Abschluss darüber legen.*
8. *Mit etwas Paprikapulver bestreuen.*
9. *Mit der zweiten Kornspitzhälfte abschließen.*

10. *In Alufolie wickeln und ca. 10 Minuten backen.*
11. *Entweder in der Folie anrichten oder auswickeln und gleich servieren.*

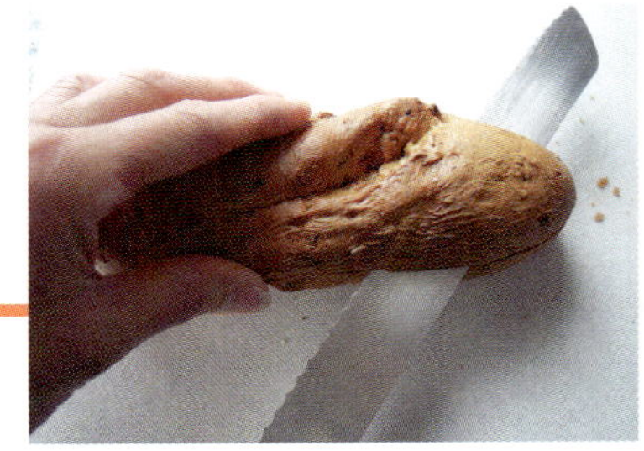

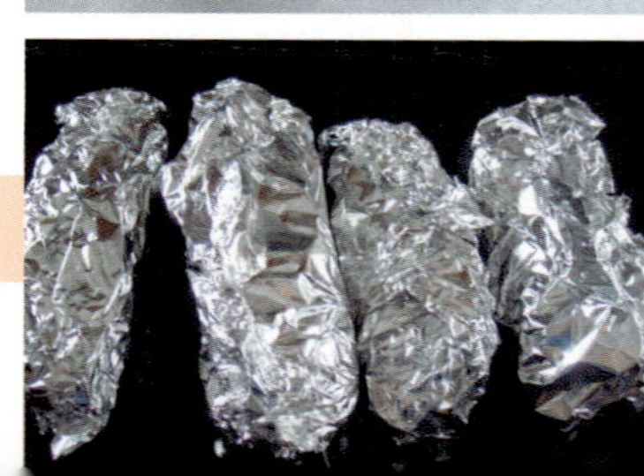

Tipp: Den Vitaminburger mit Tomatenscheiben belegen und frisches Gemüse der Saison dazu servieren.

Notizen

Kümmel-Sesamstriezel (12 Stück)

ZUTATEN:

200 g Roggenmehl
300 g Weizenmehl
1 TL Salz
1 Pkg. Trockengerm
1 TL Zucker
2 EL Brotgewürz (ersatzweise Kümmel, Fenchel, Korianderpulver ...)
ca. 330 ml lauwarmes Wasser

ZUM BESTREUEN:

Kümmel, Sesam

1. *Alle Zutaten in einer Rührschüssel mit einem Holzkochlöffel vermengen.*
2. *Teig gut abschlagen (Knethaken) und etwa 20 Min. zugedeckt gehen lassen, bis er sich verdoppelt hat.*
3. *Teig in 12 Stücke teilen. Striezel laut Anleitung formen.*
4. *Auf mit Backtrennpapier ausgelegte Bleche legen und nochmals gehen lassen.*
5. *Backrohr auf 190 °C Heißluft vorheizen.*
6. *Striezel mit lauwarmem Wasser bestreichen und mit Gewürzen bestreuen.*
7. *Ca. 15 bis 20 Min. backen und auf einem Gitter auskühlen lassen.*

Tipp: Während des Backens ein feuerfestes Gefäß mit Wasser ins Backrohr stellen.

Kürbiskernschnecken (16 Stück)

ZUTATEN:

450 g Weizenmehl (Weizen- oder Dinkelvollkornmehl)
1 KL Salz
1 Würfel Germ
(oder 1 Pkg. Trockengerm)

1 TL Zucker
1 EL Brotgewürz
(oder Anis, Fenchel, Kümmel mischen)
ca. 350 ml lauwarmes Wasser
1 EL weiche Butter
4 EL Kürbiskernöl
100 g Magertopfen
200 g gehackte Kürbiskerne

1. *Mehl und Salz in eine Rührschüssel geben und die Germ ganz fein hineinbröckeln.*
2. *Alle anderen Zutaten (von Zucker bis Kürbiskerne) dazugeben und mit einem Holzkochlöffel gut vermischen.*
3. *Teig langsam zu einem glatten Teig kneten (mit Küchenmaschine oder Mixer mit Knethaken!).*
4. *Teig zudecken und an einem warmen Ort (Herdnähe, Wasserbad) ca. 20 Min. gehen lassen, bis er sein Volumen verdoppelt hat.*
5. *Nudelbrett bemehlen, Teig in 16 gleichmäßig große Stücke teilen. Die Stücke zu Strängen formen, von einer Seite einrollen und auf mit Backtrennpapier ausgelegtes Blech legen.*
6. *Schnecken mit einem Geschirrtuch abdecken und nochmals 10 Min. gehen lassen.*
7. *Backrohr auf 170 °C Heißluft vorheizen.*
8. *Schnecken mit Wasser bestreichen, etwa 15 bis 20 Min. backen und auf einem Gitter auskühlen lassen.*

Tipp: Der Teig kann auch in einer Kastenform (ca. 45 Min.) gebacken werden. Dieses Gebäck lässt sich gut einfrieren.

Rosinenbrötchen (16 Stück)

ZUTATEN:

80 g Rosinen

250 g Magertopfen
1/16 l Milch
1/16 l Öl
60 g Kristallzucker
(= 3 gehäufte EL)
1 Pkg. Vanillezucker
1 Prise Salz

300 g Weizenmehl
(Weizenvollkornmehl)
1 Pkg. Backpulver

ZUM BESTREICHEN:

etwas Milch

1. *Backrohr auf 180 °C Heißluft vorheizen. Backblech mit Backtrennpapier auslegen.*
2. *Rosinen gut waschen und abtropfen lassen.*
3. *Topfen, Milch, Öl, Zucker, Vanillezucker und Salz in eine Rührschüssel geben.*
4. *Mehl und Backpulver vermischen und mit den Rosinen dazugeben.*
5. *Alle Zutaten mit dem Mixer (Knethaken!) oder mit der Küchenmaschine gut vermengen.*
6. *Teig auf ein bemehltes Nudelbrett geben und zu einer Rolle formen.*
7. *Rolle in 16 gleichmäßige Teile teilen und mit leicht bemehlten Händen Brötchen formen.*
8. *Brötchen mit etwas Milch bestreichen und ca. 20 Minuten goldgelb backen.*
9. *Auf einem Kuchengitter auskühlen lassen.*

Tipp: Eine nette Überraschung für den Familienfrühstückstisch.

Notizen

Smiley Burger (für 1 Person)

ZUTATEN:

1 Vollkornsemmel
etwas Butter
2 Scheiben Schinkenwurst
1 Salatblatt
1 Scheibe Käse
3 TL Frischkäse
1 Cocktailtomate
Petersilie oder Kresse

1. *Salatblatt waschen und gut abtropfen lassen. Cocktailtomate waschen und halbieren.*
2. *Vollkornsemmel halbieren, Unterteil mit Butter bestreichen, mit Salatblatt, Schinkenwurst sowie Käse belegen und Deckel aufsetzen.*
3. *Frischkäse am Deckel verteilen, Tomatenhälften als Augen aufsetzen und mit Petersilie oder Kresse garnieren.*

Pumuckl (für 1 Person)

ZUTATEN:

½ Vollkornweckerl
etwas Butter
2 Scheiben Wurst
¼ Karotte
2 TL Frischkäse
½ Radieschen oder
½ Cocktailtomate
1 Scheibe
hart gekochtes Ei
1 kleine Essiggurke
1 Salatblatt
(gewaschen)

1. *Vollkornweckerl mit Butter bestreichen, mit Wurst belegen und auf Salatblatt anrichten.*
2. *Karotte raspeln und als Haare anordnen.*
3. *Ei als Mund, Radieschen oder Tomate als Nase und Frischkäse mit Gurkenscheiben als Augen auflegen.*

Tipp: Der Kreativität sind weder bei den Zutaten noch bei der Gestaltung der Gesichter Grenzen gesetzt.
Mit diesen Broten essen selbst Kinder Gemüse gerne.

Notizen

Micky Brötchen (für 1 Person)

ZUTATEN:

1 großes Salatblatt
½ Vollkornweckerl
etwas Butter
2 Scheiben Schinken-wurst
½ Blatt Käse
2 Karottenscheiben
1 Scheibe Gurke
1 EL Frischkäse
Schnittlauch

1. *Salatblatt und Schnittlauch waschen und gut abtropfen. Karotten- und Gurkenscheibe schneiden.*
2. *Salatblatt auf einen Teller legen. Vollkornweckerl mit Butter bestreichen und mit Wurst belegen.*
3. *Aus dem Käse Dreiecke für die Ohren schneiden und das Katzengesicht gemäß Abbildung dekorieren.*

Vegetarische Schlange (für 1 Person)

ZUTATEN:

1 Ei
1 großes Salatblatt
1 Tomate
1 Kornspitz (oder Vollkornlangsemmel)
3 EL Kräuteraufstrich
1 kl. Stück Paprika
1 kleine Essiggurke

1 Zahnstocher

1. *Ei 10 Min. kochen, kalt abschrecken, schälen und mit dem Eierteiler teilen.*
2. *Salatblatt waschen, gut abtropfen lassen und auf einen Fleischteller legen.*
3. *Tomate waschen, Stängelansatz entfernen und in Scheiben schneiden.*
4. *Kornspitz halbieren, Unterteil mit Aufstrich bestreichen und mit Tomatenscheiben belegen.*
5. *Ein Viertel vom Oberteil abtrennen und mit halbiertem Zahnstocher als Kopf aufsetzen. Laut Abbildung dekorieren.*

Tipp: Eine nette Idee für Kindergeburtstage oder Faschingsfeste.

Notizen

Gemüse-Topfen-Aufstrich

ZUTATEN:

250 g Magertopfen
1 mittelgroße Karotte
½ kleiner Apfel
1 Essiggurke
½ TL Kren
1 TL Zitronensaft
2 EL Ketchup
Kräutersalz

1. *Topfen in eine Glasschüssel geben.*
2. *Karotte und Apfel gut waschen, fein reiben und dazugeben.*
3. *Essiggurke gut abtropfen lassen, feinwürfelig schneiden und untermischen.*
4. *Kren, Zitronensaft und Ketchup unterrühren und mit Kräutersalz würzen.*
5. *Aufstrich anrichten und garnieren oder direkt die Brote damit bestreichen.*

Thunfisch-Topfen-Aufstrich

ZUTATEN:

2 Eier
1 Dose Thunfisch (natur)
1 Essiggurke
250 g Magertopfen
Kräutersalz, Pfeffer
¼ TL Senf
¼ TL Sardellenpasta
1 EL gemischte Kräuter

1. *Die Eier hart kochen (ca. 10 Minuten).*
2. *Thunfischdose öffnen, Saft abgießen, den Fisch in eine Glasschüssel geben und mit einer Gabel zerkleinern.*
3. *Essiggurke und ein Ei kleinwürfelig schneiden.*
4. *Alle Zutaten gut durchmischen, den Aufstrich würzen, anrichten und mit dem zweiten Ei sowie frischen Kräutern garnieren.*

Schinken-Topfen-Aufstrich

ZUTATEN:

2 kleine Essiggurken
½ Zwiebel
100 g Magerschinken
250 g Magertopfen
2 EL Sauerrahm
Salz
Pfeffer
½ Bund Schnittlauch

1. *Essiggurken und Zwiebel feinwürfelig schneiden.*
2. *Magerschinken feinwürfelig schneiden.*
3. *Schnittlauch waschen und fein schneiden.*
4. *Topfen in eine Rührschüssel geben und alle Zutaten dazugeben, mit einem Kochlöffel vermengen und abschmecken.*
5. *Schinkenaufstrich anrichten und garnieren oder direkt die Brote damit bestreichen.*

Kräuter-Topfen-Aufstrich

ZUTATEN:

1 Ei
½ grüne Paprika
½ Zwiebel
250 g Magertopfen
2 EL Sauerrahm
Salz, Pfeffer
1 Knoblauchzehe, gepresst
¼ Bund Schnittlauch
¼ Bund Petersilie

1. *Das Ei hart kochen (ca. 10 Minuten). Abschrecken, schälen und würfelig schneiden.*
2. *Paprika waschen und feinwürfelig schneiden.*
3. *Schnittlauch waschen und fein schneiden. Petersilie waschen und hacken.*
4. *Zwiebel schälen und feinwürfelig schneiden.*
5. *Topfen in eine Rührschüssel geben, alle Zutaten dazugeben, mit einem Kochlöffel gut vermengen und abschmecken.*
6. *Aufstrich anrichten und dekorieren.*

Topfenbrötchen (10 Stück)

ZUTATEN:

200 g Weizenmehl (Weizenvollkornmehl)
1 TL Backpulver
1 TL Kräutersalz
250 g Magertopfen
4 EL Milch
1 Ei

ZUM BESTREICHEN:

Wasser oder Milch

ZUM BESTREUEN ENTWEDER/ODER:

Sesam, Kümmel, Sonnenblumenkerne (Mohn, Kürbiskerne ...)

1. *Backblech mit Backtrennpapier auslegen. Backrohr auf 180 °C Heißluft vorheizen.*
2. *Alle Zutaten in eine Rührschüssel geben und mit Mixer oder Küchenmaschine (Knethaken) zu einem glatten Teig verkneten.*
3. *Hände bemehlen und etwas Mehl auf ein Backbrett streuen.*
4. *Aus dem Teig eine dicke Rolle formen, in ca. 10 gleichmäßige Stücke teilen und Laibchen formen.*
5. *Mit Wasser oder Milch bestreichen und mit verschiedenen Gewürzen bestreuen.*
6. *Topfenbrötchen etwa 20 Min. backen.*
7. *Auf einem Gitter auskühlen lassen.*

Tipp: Gebäck aus Weizenvollkornmehl liefert wertvolle Mineral- und Ballaststoffe.
Das geformte Gebäck soll ziemlich gleich groß sein, damit es gleichmäßig durchbacken kann.

Notizen

Vital-Burger

ZUTATEN:

½ Zwiebel
1 Tomate
1 Paprika

4 EL Sauerrahm
⅓ Bd. Küchenkräuter der Saison (oder 2 EL Tiefkühlkräuter)
Salz, Pfeffer

4 Salatblätter
4 große Scheiben Käse (Gouda, Mozzarella ...)
2 EL Butter oder Magertopfen

4 Vollkornsemmeln

1. *Zwiebel schälen und in Ringe schneiden.*
2. *Tomate und Paprika gründlich waschen, halbieren und in Streifen bzw. Scheiben schneiden.*
3. *Kräuter waschen, schneiden bzw. hacken. Salatblätter waschen und gut abtropfen lassen oder in einer Salatschleuder trocknen.*
4. *Sauerrahm, Kräuter, Salz und Pfeffer vermischen.*
5. *Vollkornsemmeln halbieren und jeweils eine Hälfte mit Butter oder Topfen dünn bestreichen.*
6. *Eine Scheibe Käse, ¼ der Zwiebelringe, ¼ der Tomaten- und Paprikastreifen und ein Salatblatt aufschichten.*
7. *Mit einem EL Kräuterrahm abschließen und die zweite Seite des Brotes darüber legen.*

Tipp: Gemüse und Blattsalate der Saison verwenden und die Gemüselieblingssorten (wie z. B. Salatgurke, Radieschen ...) bevorzugen. Die Sauce mit Knoblauch verfeinern. Dieser Vital-Burger liefert wertvolle Vitamine sowie Mineral- und Ballaststoffe.

Notizen

Vollkornsemmeln (16 Stück)

ZUTATEN:

600 g Vollkornmehl
1 Pkg. Trockengerm
½ TL Zucker
1 TL Salz
2 EL Brotgewürz (Anis, Fenchel, Koriander, Kümmel ...)
400 ml lauwarmes Wasser

ZUM BESTREUEN ENTWEDER/ODER:

Kümmel, Mohn, Sesam, Nüsse, Sonnenblumenkerne ...

Backtrennpapier

1. *Mehl in eine Rührschüssel geben. Trockengerm, Zucker, Salz, Gewürzmischung und das lauwarme Wasser dazugeben.*
2. *Mit einem Holzkochlöffel gut vermengen und abschlagen bzw. mit der Küchenmaschine kneten, bis er sich von der Schüssel löst und samtig weich ist.*
3. *Teig bemehlen, mit einem Geschirrtuch abdecken und an einem warmen Ort bis zur doppelten Menge aufgehen lassen.*
4. *Teig nochmals kurz durchkneten und in 16 gleich große Stücke teilen.*
5. *Aus den Teigstücken Kugeln formen, mit der hohlen Hand ausformen, bis sie schön rund sind (= schleifen) und auf ein mit Backtrennpapier ausgelegtes Blech legen.*
6. *Semmeln nochmals 10 bis 15 Min. gehen lassen. Backrohr auf 180 °C Heißluft vorheizen.*
7. *Mit dem Messerrücken sternförmig eindrücken, mit Wasser bestreichen und mit Gewürzen bestreuen.*
8. *Ca. 20 Minuten backen und auf einem Gitter auskühlen lassen.*

Tipp: Aus dem Teig Kipferln oder Weckerln formen.

Weckerlkrokodil (für mehrere Personen)

ZUTATEN:

PRO PERSON:

1 Vollkornweckerl oder
1 Vollkornsemmel
1 Blatt Schinken
1 Blatt Käse
1 Salatblatt
1 EL Kräuteraufstrich

WEITERS:

Gemüse der Saison
(z. B. Tomaten, Paprika ...)
2 Oliven (f. Augen)
1 rote Paprika (Zunge)
1 Salatgurke (Zähne und Rücken)
Cocktailtomaten
½ kl. Tube Majonäse
Kresse/Petersilie

Zahnstocher

1. *Weckerln der Länge nach halbieren, mit Kräuteraufstrich bestreichen, mit Wurst und Käse belegen.*
2. *Salat und Gemüse waschen, gut abtropfen lassen und zerteilen bzw. schneiden.*
3. *Weckerlunterseite damit belegen und Oberteil aufsetzen.*
4. *Gefüllte Weckerln aneinander reihen, die Oberseite mit etwas Majonäse garnieren und Gurkenscheiben aufsetzen.*
5. *Für das Maul eine halbierten Gurke aushöhlen, Zähne einschneiden, gemeinsam mit einer roten Paprika (Zunge) einlegen und mit Zahnstochern fixieren.*
6. *Am Oberteil die Oliven als Augen anbringen. Das Maul mit Zahnstochern fixieren.*
7. *Weckerlkrokodil mit restlichem Gemüse dekorieren.*

Tipp: Eine dekorative Idee für Faschings- und Geburtstagsfeste. Der Phantasie sind beim Dekorieren keine Grenzen gesetzt!

Notizen

Süße Hauptspeisen

Knödel, Strudel, Nudel ...
einmal mit und einmal ohne Fülle!

Süßspeisen sind in der Gastronomie meist unter Desserts zu finden. In Verbindung mit einer Suppe auf Gemüsebasis werden sie im Haushalt als Hauptgerichte serviert.

Apfelnockerln

ZUTATEN:

NOCKERLTEIG:

200 g griffiges Mehl
(Weizenvollkornmehl)
1 Prise Salz
2 Eier
2 EL Öl
gut ⅛ l Milch

½ kg Äpfel
2 EL Butter
2 EL Kristallzucker
½ Pkg. Vanillezucker
(evt. 2 EL Rosinen)
½ kl. Zimtstange
4 Gewürznelken

ZUM BESTREUEN:

etwas Zimtpulver

1. *Wasser in einem großen Kochtopf zum Kochen bringen (mit Deckel) und leicht salzen.*
2. *Mehl in eine Rührschüssel geben, Salz, Eier, Öl und Milch hinzufügen und mit einem Kochlöffel gut vermischen.*
3. *Mit einem kleinen Löffel Nockerln formen und gleich ins kochende Salzwasser einlegen.*
4. *5 Min. ohne Deckel leicht kochen lassen. Nockerln abseihen und kurz mit heißem Wasser abschwemmen.*
5. *Äpfel gründlich waschen, vierteln, Kerngehäuse entfernen und grobblättrig schneiden.*
6. *Butter in einer Kasserolle zerlassen, Apfelstücke mit Zucker (Rosinen) und den Gewürzen etwa 10 Min. dünsten.*
7. *Zimtrinde und Nelken entfernen, Nockerln dazugeben und gut erwärmen.*
8. *Apfelnockerln anrichten und mit etwas Zimt (und Staubzucker) bestreuen.*

Tipp: Den Teig nicht rasten lassen – sonst wird er zäh! Für Apfelspätzle den Teig mit dem Spätzlesieb ins kochende Wasser einkochen (Kochzeit ca. 3 Minuten). Eine Tasse Milch oder Kakao dazu servieren.

Notizen

Gefüllte Bratäpfel

ZUTATEN:

BRATÄPFEL:

4 Äpfel
2 EL Honig
2 EL Brösel
2 EL geriebene Nüsse
1 EL Rosinen
Zimt

1 EL Butter zum Befetten
1 EL Butter zum Belegen

VANILLESAUCE:

½ l Milch
½ Pkg. Vanillepuddingpulver
1 Pkg. Vanillezucker
1–2 EL Zucker

ZUM DEKORIEREN:

Nüsse/Mandeln
Zimt- oder Kakaopulver

1. *Backrohr auf 180 °C Heißluft vorheizen. Boden einer Auflaufform befetten.*
2. *Äpfel gründlich waschen.*
3. *Kappen abschneiden, Kerngehäuse ausstechen, Öffnung mit einem Kugelausstecher oder Kaffeelöffel etwas vergrößern.*
4. *Für die Fülle die angegebenen Zutaten gut verrühren und einen Teil der ausgehöhlten Apfelmasse dazumischen.*
5. *Honigmasse in die Äpfel einfüllen und die Kappen wieder aufsetzen.*
6. *Äpfel in die Auflaufform geben und mit Butterflocken belegen.*
7. *Je nach Größe der Äpfel etwa 25 bis 30 Min. backen.*

Vanillesauce:

1. *Puddingpulver mit 4 EL kalter Milch, Zucker und Vanillezucker gut verrühren.*
2. *Restliche Milch zum Kochen bringen.*
3. *Angerührtes Puddingpulver einrühren und ca. 1 Minute kochen. (Umrühren!)*

Tipp: Den Bratapfel auf einem Vanillespiegel anrichten und dekorieren.

Germknödel

ZUTATEN:

300 g Weizenmehl
1 Prise Salz
$\frac{1}{2}$ Würfel Germ

2 EL Butter
gut $\frac{1}{8}$ l Milch
3 EL Kristallzucker
1 Pkg. Vanillezucker
1 Ei

4 EL Powidl
(Zwetschkenmarmelade)

ZUM ÜBERGIESSEN:

60 g Butter
2 EL Honig

ZUM BESTREUEN:

4 EL Mohn, gemahlen
1 EL Staubzucker

1. *Mehl und Salz in eine Rührschüssel geben und Germ hineinbröckeln.*
2. *Butter in einer kleinen Kasserolle erwärmen und von der Herdplatte nehmen. Milch, Kristall- und Vanillezucker sowie Ei dazugeben.*
   Alles mit einer Schneerute gut vermischen und die lauwarme Flüssigkeit zum Mehl gießen.
3. *Mit einem Holzkochlöffel vermengen und den Germteig gut abschlagen, bis er seidig glatt ist und sich vom Gefäßrand löst.*
4. *Teig nun leicht bemehlen und an einem warmen Ort (Herdnähe, Wasserbad) zugedeckt ca. 20 Min. gehen lassen (bis er sich verdoppelt hat).*
5. *Auf einer leicht bemehlten Arbeitsfläche den Teig in vier gleich große Stücke teilen, etwas flach drücken, mit Powidl füllen und die Enden gut verschließen.*
6. *Nochmals 15 bis 20 Min. gehen lassen.*
7. *In einer weiten Kasserolle etwas Wasser zum Kochen bringen, Siebeinsatz hineingeben und leicht beölen.*
8. *Knödel einlegen, mit einem gewölbten Deckel zudecken und auf kleiner Stufe 20 Min. über Dampf garen.*
9. *Butter zerlassen und mit Honig vermischen.*
10. *Germknödel anrichten, mit Mohn bestreuen, mit Honig-Butter übergießen und leicht bezuckern.*

Tipp: Germknödel können auch in Salzwasser gekocht werden. (3 Min. mit Deckel kochen, Knödel umdrehen und 3 Min. ohne Deckel kochen!) Sie gehören zu den ältesten und beliebtesten Knödeln in der österreichischen Mehlspeisküche. Als Zuspeise reicht man Kompott oder Vanillesauce.

Haferflockenmüsli (für 1 Person)

ZUTATEN:

2 EL Haferflocken
2 EL Wasser

1 EL Rosinen
1 EL Nüsse
½ kleiner Apfel
(oder ½ Banane)
1 EL Honig
⅛ l Naturjoghurt

GARNITUR:

z. B. Apfelstücke, Nüsse oder Rosinen

1. *Haferflocken und Wasser in eine kleine Glas- oder Porzellanschüssel geben und 10 Min. quellen lassen.*
2. *Rosinen waschen, abtropfen lassen und dazugeben.*
3. *Nüsse grob hacken und dazugeben.*
4. *Apfel waschen, trocknen, halbieren, Kerngehäuse mit einem Schrägschnitt entfernen und die Hälfte des Apfels in kleine Würfel schneiden.*
5. *Honig, Joghurt und die Apfelstücke in die Schüssel geben.*
6. *Alles mit einem Löffel vorsichtig durchmischen.*
7. *Müsli dekorieren und gleich servieren.*

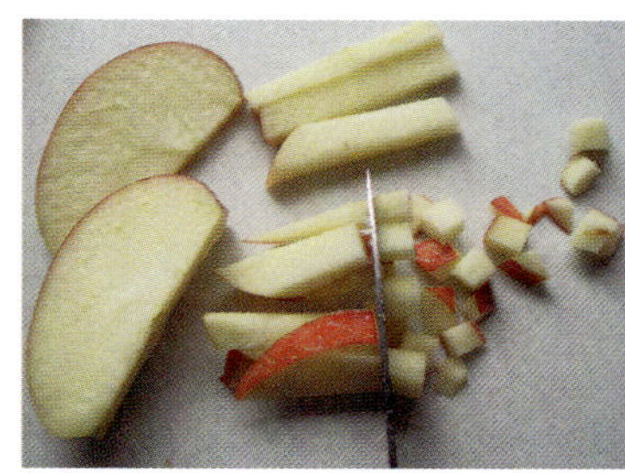

Tipp: Müsli wird besonders gerne zum Frühstück gegessen. Ein ausgewogenes Frühstück weckt müde Geister und liefert die nötige Energie, um den Tag in Angriff zu nehmen. Obstsorten je nach Saison wählen.

Notizen

Kaiserschmarren

ZUTATEN:

250 g glattes Mehl (Weizenvollkornmehl)
½ l Milch
1 Pkg. Vanillezucker
2 EL Kristallzucker
4 Eier
1 Prise Salz
2 EL Rosinen

ZUM BACKEN:

4 TL Butter

ZUM BESTREUEN:

Staubzucker

1. *Milch, Mehl, Zucker und Vanillezucker glatt rühren und etwas quellen lassen.*
2. *Eier trennen, Eiklar in eine Rührschüssel geben und Dotter unter die Milch-Mehlmasse mischen.*
3. *Eiweiß mit einer Prise Salz zu festem Schnee schlagen und vorsichtig unterheben.*
4. *Butter in einer Pfanne erhitzen, ein Viertel der Schmarrenmasse in die Pfanne gießen, mit einigen Rosinen bestreuen und goldbraun backen.*
5. *Schmarren in vier Teile teilen, wenden und auf der zweiten Seite fertig backen.*
6. *Schmarren in mundgerechte Stücke zerreißen, leicht bezuckern und mit Apfelmus, Zwetschkenröster oder Kompott servieren.*

Apfelschmarren

ZUTATEN:

Teig wie bei Kaiserschmarren

2 Äpfel

Die Zubereitung erfolgt wie beim Kaiserschmarren, in den Teig werden anstelle von Rosinen fein geschnittene Äpfel gemengt.

Tipp: Eine beschichtete Pfanne verwenden und die Butter nicht überhitzen. Bei Vollkornmehl den Teig etwas länger quellen lassen und wenn nötig noch etwas Milch dazugeben.

Marillenknödel

ZUTATEN:

KARTOFFELTEIG:

500 g Kartoffeln (mehlig)
Salz
40 g Butter
100 g Mehl (Weizenvollmehl)
80 g Weizengrieß
1 Ei

FÜLLE:

8 Stück Marillen

ZUM WÄLZEN:

80 g Butter
80 g Brösel
2 EL Staubzucker
Zimt

1. *Kartoffeln im Schnellkochtopf etwa 10 Min. dämpfen.*
2. *Marillen waschen, gut abtropfen lassen und Stein entfernen.*
3. *Kartoffeln noch heiß schälen und durch eine Kartoffelpresse auf ein Nudelbrett drücken.*
4. *Kartoffeln salzen, Butter in Stückchen schneiden, darauf verteilen und kurz überkühlen lassen.*
5. *In der Zwischenzeit Wasser in einem großen Kochtopf zum Kochen bringen und leicht salzen.*
6. *Mehl und Grieß zur Kartoffelmasse geben, in der Mitte eine Grube machen, das Ei zufügen und rasch zu einem Teig zusammenkneten.*
7. *Teig zu einer Rolle formen, in 8 Stücke teilen, Scheiben abschneiden. Scheiben mit Marillen belegen und zu Knödeln formen.*
8. *Knödel in leicht kochendem Salzwasser ca. 10 Min. kochen.*
9. *Butter zergehen lassen, Brösel darin anrösten und die Knödel darin wälzen. Anrichten und mit Zucker und Zimt leicht bestreuen.*

Tipp: Die Knödel können auch mit Zwetschken gefüllt werden. Die Knödel gut verschließen, damit sie beim Kochen nicht aufgehen.

Notizen

Marmeladepalatschinken

ZUTATEN:

TEIG:

¼ l Milch
120 g Vollkornmehl
1 Prise Salz
1–2 Eier

Öl zum Backen

FÜLLE:

120 g Marillenmarmelade

ZUM BESTREUEN:

1 EL Staubzucker

GARNITUR:

frische Früchte der Saison
oder Kompottfrüchte

1. *Milch, Mehl und Salz mit der Schneerute glatt rühren. Eier hinzufügen, nochmals gut vermischen und den Teig 10 bis 15 Min. quellen lassen. (Der Teig soll in der Konsistenz so sein, dass er einen Löffelrücken überzieht!)*
2. *Backrohr auf 50 °C vorheizen.*
3. *Etwas Öl in einer Pfanne erhitzen, einen Schöpfer Teig eingießen und durch Schwenken der Pfanne dünn verteilen. Teig auf der Unterseite goldgelb backen, umdrehen und zweite Seite backen.*
4. *Palatschinken abdecken und im Backrohr warm halten, bis alle fertig gebacken sind.*
5. *Marmelade gut verrühren, die Palatschinken damit füllen und einrollen.*
6. *Palatschinken mit Früchten oder Kompott anrichten, leicht mit Staubzucker bestreuen und gleich servieren.*

Tipp: Vollkornpalatschinkenteig immer quellen lassen. Zum Backen eine beschichtete Pfanne nehmen und Öl nur ganz sparsam eingießen. Palatschinken lassen sich auf verschiedenste Weise füllen und sind eine schnelle und preiswerte Mahlzeit.

Notizen

Mohnnudeln

ZUTATEN:

KARTOFFELTEIG:

500 g Kartoffeln (mehlig)
Salz
40 g Butter
100 g Mehl (Weizenvollmehl)
80 g Weizengrieß
1 Ei

ZUM BESTREUEN:

40 g Butter
80 g Mohn, gemahlen
Zimt
2 EL Staubzucker oder Honig

1. *Kartoffeln im Dampfdruckkochtopf etwa 10 Min. dämpfen.*
2. *Wasser in einer großen Kasserolle zum Kochen bringen und leicht salzen.*
3. *Kartoffeln noch heiß schälen und durch eine Kartoffelpresse auf ein Nudelbrett drücken.*
4. *Kartoffeln salzen, Butter in Stückchen schneiden, darauf verteilen und kurz überkühlen lassen.*
5. *Mehl und Grieß dazugeben, in der Mitte eine Grube machen, das Ei zufügen und rasch zu einem Teig zusammenkneten.*
6. *Teig zu einer Rolle formen, Stücke abschneiden und diese mit der flachen Hand zu Nudeln formen.*
7. *Nudeln bei schwacher Hitze 5 Min. leicht kochen lassen.*
8. *Butter vorsichtig zerlassen.*
9. *Nudeln mit Siebschöpfer vorsichtig herausheben, gut abtropfen lassen, mit zerlassener Butter beträufeln und mit Mohn, Zimt und Staubzucker bestreuen.*

Tipp: Den Teig nicht rasten lassen, sonst wird er zäh.
Als Zuspeise Apfelmus oder Kompott servieren. Die Nudeln können auch in geröstetem Mohn gewälzt werden.

Notizen

Scheiterhaufen mit Vanillesauce

ZUTATEN:

4 Semmeln oder Milchbrot vom Vortag

EIERMILCH:

2 Eier
gut ¼ l Milch
1 Pkg. Vanillezucker
2 EL Kristallzucker

APFELFÜLLE:

½ kg Äpfel
2 EL Zucker
1 Msp. Zimt
½ Pkg. Vanillezucker
1 EL Rosinen
2 EL gehackte Nüsse

ZUM BEFETTEN:

2 EL Butter

ZUM BELEGEN:

2 EL Butter

VANILLESAUCE:

½ l Milch
½ Pkg. Vanillepuddingpulver
1 Pkg. Vanillezucker
1–2 EL Zucker
1 Prise Zimt

1. *Semmeln (Milchbrot) blättrig aufschneiden und in eine Schüssel geben.*
2. *Für die Eiermilch alle Zutaten mit dem Schneebesen gut vermischen und über die Semmeln gießen und anziehen lassen.*
3. *Äpfel waschen, abtrocknen, mit der Schale grob raspeln und mit den angegebenen Zutaten locker vermengen.*
4. *Backrohr auf 180 °C Heißluft vorheizen. Auflaufform befetten.*
5. *Lagenweise Semmeln mit Apfelfülle einschichten und mit schön geschnittenen Semmelscheiben abschließen.*
6. *Mit Butterflocken belegen und ca. 30 Minuten backen. (Der Scheiterhaufen soll nicht zu dunkel werden und darf nicht austrocknen, daher frühzeitig abdecken.)*

Vanillesauce:

1. *Puddingpulver mit 4 EL kalter Milch, Zucker, Zimt und Vanillezucker gut verrühren.*
2. *Restliche Milch zum Kochen bringen, das angerührte Pulver einrühren, ca. 1 Minute kochen.*

Tipp: Das Rezept mit Birnen, Kirschen oder Zwetschken zubereiten.

Topfen-Früchte-Auflauf

ZUTATEN:

2 Äpfel (ca. 250 g)
Saft einer ½ Zitrone

2 Eiklar
1 Prise Salz

2 Dotter
1 Msp. Zimt
1 Pkg. Vanillezucker
2 EL Staubzucker

250 g Magertopfen
2 Msp. Backpulver
2 EL Grieß

ZUM BEFETTEN DER FORM:

1 EL Butter

1. *Äpfel gut waschen, mit der Schale grob raspeln und mit Zitronensaft beträufeln.*
2. *Eiklar mit Salz zu steifem Schnee schlagen.*
3. *Auflaufform befetten. Backrohr auf 170 °C Heißluft vorheizen.*
4. *Dotter mit Zimt, Vanille- und Staubzucker schaumig rühren.*
5. *Topfen, Grieß, Backpulver unterrühren sowie Äpfel und Schnee vorsichtig unterheben.*
6. *Masse in die befettete Auflaufform füllen und etwa 30–40 Min. backen.*
   (Nadelprobe machen! – Die Backzeit hängt von der Größe der Auflaufform ab!)
7. *Auflauf anrichten und dekorieren.*

Tipp: Auflauf mit entsteinten Kirschen oder gemischten Früchten zubereiten.
Als Beilage eignen sich entweder/oder: Kompott, Fruchtsaucen, Zwetschkenröster, Früchtejoghurt …
Wenn es schnell gehen soll – Auflauf in kleinen Formen backen.

Notizen

Topfenknödel (für 4–6 Personen)

ZUTATEN:

TOPFENTEIG:

500 g Magertopfen
2 Eier
50 g Brösel
50 g Weizengrieß

Salzwasser

ZUM WÄLZEN:

80 g Butter
5–6 EL Brösel

ZUM BESTREUEN:

Zimt, gemahlen
1 EL Staubzucker

1. *Alle Zutaten vom Topfenteig (Topfen, Eier, Brösel, Grieß) in einer Rührschüssel gut vermengen und ungefähr 10 Minuten ziehen lassen.*
2. *In einer großen Kasserolle Wasser zum Kochen bringen, leicht salzen.*
3. *Mit nassen Händen Knödel formen und ca. 10 Minuten leicht kochen lassen (ohne Deckel!).*
4. *Butter in einer Bratpfanne zerlassen. Brösel anrösten und die Knödel darin wälzen.*
5. *Mit Zimt und Zucker bestreuen und gleich servieren.*

Tipp: Die Topfenknödel mit Marillen oder Zwetschken füllen und die Brösel mit geriebenen Nüssen verfeinern.
Als Beilage reicht man Kompott oder Früchtemus.

Notizen

Topfenpalatschinken

ZUTATEN:

TEIG:

$\frac{1}{4}$ l Milch
120 g Vollkornmehl
1 Prise Salz
1–2 Eier

Öl zum Backen

FÜLLE:

1 EL Butter
1 Pkg. Vanillezucker
2 EL Staubzucker
2 EL Rosinen
(oder $\frac{1}{3}$ Dose Pfirsichhälften)
250 g Magertopfen

ÜBERGUSS:

$\frac{1}{8}$ l Milch

1. *Milch, Mehl und Salz mit der Schneerute glatt rühren. Eier hinzufügen, nochmals gut vermischen und den Teig 10 bis 15 Min. quellen lassen. (Der Teig soll in der Konsistenz so sein, dass er einen Löffelrücken überzieht!)*
2. *Etwas Öl in einer Pfanne erhitzen, einen Schöpfer Teig eingießen und durch Schwenken der Pfanne dünn verteilen. Teig auf der Unterseite goldgelb backen, umdrehen und zweite Seite backen.*
3. *Backrohr auf 180 °C Heißluft vorheizen.*
4. *Für die Fülle Butter, Zucker und Vanillezucker gut verrühren.*
5. *Rosinen waschen/oder Pfirsiche in Stücke schneiden und gemeinsam mit dem Topfen unterheben.*
6. *Palatschinken füllen, einrollen und in eine befettete Auflaufform legen.*
7. *Mit Milch übergießen und ca. 15 Min. im Rohr überbacken.*

Tipp: Wenn es schnell gehen soll, die warmen Palatschinken füllen und gleich servieren.
Da die Fülle kein Ei enthält, muss sie nicht unbedingt überbacken werden.
Als Beilage Kompott oder Vanillesauce servieren.

Topfenstrudel

ZUTATEN:

TEIG:

250 g glattes Mehl
$\frac{1}{2}$ TL Salz
$\frac{1}{2}$ TL Essig
2 EL Öl
gut $\frac{1}{8}$ l lauwarmes Wasser
Öl zum Bestreichen

FÜLLE:

50 g Butter
3 EL Staubzucker
etwas Zitronensaft
1 Pkg. Vanillezucker
3 Dotter
3 Eiklar
1 Prise Salz
2 EL Rosinen
50 g Grieß
750 g Topfen (20%)

ZUM BESTREICHEN:

zerlassene Butter/Öl

Teig:

1. *Mehl, Salz, Essig, Öl und Wasser in eine Rührschüssel geben.*
2. *Mit den Knethaken den Teig so lange kneten, bis ein weicher, seidig glatter Teig entsteht.*
3. *Aus dem Teig mit den Händen eine glatte Kugel formen, mit Öl bestreichen und zugedeckt eine halbe Stunde rasten lassen.*

Fülle:

4. *Butter mit dem Mixer flaumig rühren. Staubzucker, Zitronensaft, Vanillezucker und Dotter dazugeben und alles schaumig rühren.*
5. *Eiklar mit einer Prise Salz zu steifem Schnee schlagen.*
6. *Rosinen gut waschen und abtropfen lassen.*
7. *Topfen, Grieß und zum Schluss den Schnee unter die schaumig gerührte Masse heben.*
8. *Backrohr auf 180 °C Heißluft vorheizen.*

Fertigstellung:

9. *Strudeltuch leicht bemehlen, Teigkugel in die Mitte geben, Teig ausrollen und nochmals mit Öl bestreichen.*
10. *Strudelteig dünn ausziehen.*
11. *Drei Viertel des Teiges mit der Fülle bestreichen, Rosinen darauf verteilen, frei bleibende Teigflächen nochmals mit etwas Öl bepinseln. Strudelseiten einschlagen und mittels Strudeltuch einrollen.*
12. *In eine befettete Auflaufform legen, nochmals leicht mit zerlassener Butter oder Öl bestreichen, ca. 35 Min. backen.*

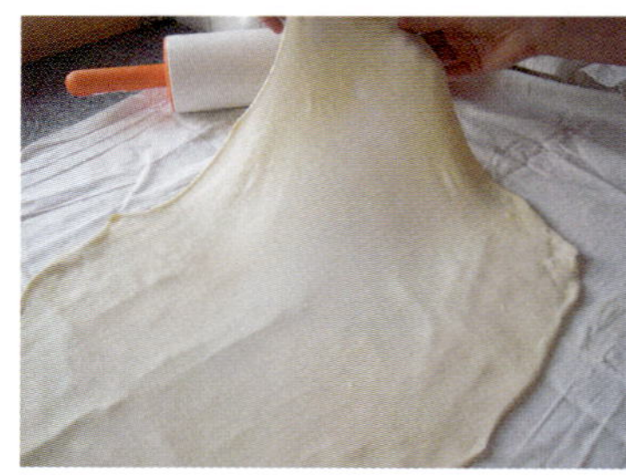

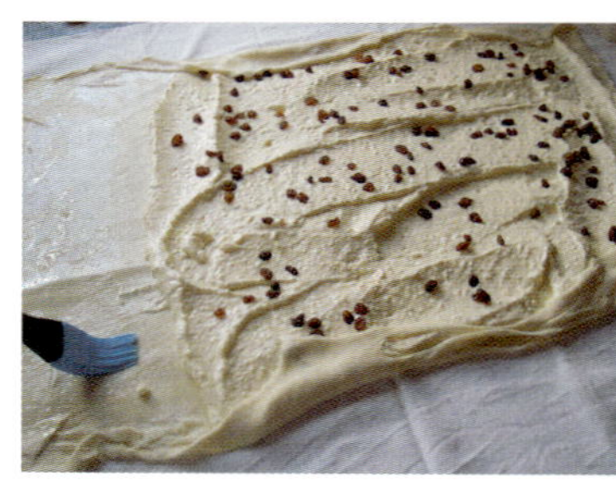

Tipp: Zum Topfenstrudel eine Vanillesauce servieren und mit frischen Früchten garnieren. Wenn es schneller gehen soll, einen Fertigstrudelteig verwenden.

Fruchtige Desserts und Cremen

Fruchtige Desserts und Cremen sind nicht nur das „Tüpfchen auf dem i"!

Nachspeisen sind meist der krönende Abschluss eines Essens. Bei der Menügestaltung empfiehlt es sich den Mengenanteil einzukalkulieren, damit das Essen nicht zu üppig ausfällt. Einzelne Obstdesserts können auch als Zwischenmahlzeit gereicht werden.

Apfelkompott

ZUTATEN:

4 kleine oder
2 große Äpfel

½ l Wasser
1 kleine Zimtrinde
3 Gewürznelken
2 EL Zucker

½ Zitrone

1. Wasser und Gewürze zum Kochen bringen und einige Minuten ziehen lassen.

2. Äpfel gründlich waschen.

3. Gewürze entfernen und Zucker dazugeben.

4. Äpfel mit der Schale in gleichmäßige Spalten schneiden (oder mit dem Apfelschneider teilen) und gleich ins kochende Wasser geben.

5. Je nach Sorte 3 bis 5 Min. kochen und in Kompottschüsserln anrichten.

6. Zitrone auspressen und über das Kompott träufeln.

Tipp: Nach Möglichkeit die Äpfel nicht schälen, denn in der Schale befinden sich wertvolle Vitamine und Mineralstoffe.

Notizen

Apfelmus

ZUTATEN:

¾ bis 1 kg Äpfel

⅛ l Wasser
1 kleine Zimtrinde
4 Gewürznelken
4 EL Zucker

½ Zitrone

1. *Wasser und Gewürze zum Kochen bringen und einige Minuten ziehen lassen.*
2. *Äpfel gründlich waschen und schadhafte Stellen ausschneiden.*
3. *Äpfel mit der Schale in Spalten oder Würfelstücke schneiden. (Wenn möglich, die Äpfel nicht schälen!)*
4. *Gewürze aus dem Wasser entfernen.*
5. *Apfelstücke sowie Zucker dazugeben und je nach Apfelsorte etwa 5 bis 8 Min. dünsten.*
6. *Äpfel entweder mit dem Passierstab oder mit dem Passiersieb (Flotte Lotte) fein passieren.*
7. *Zitrone auspressen und das Apfelmus damit abschmecken.*

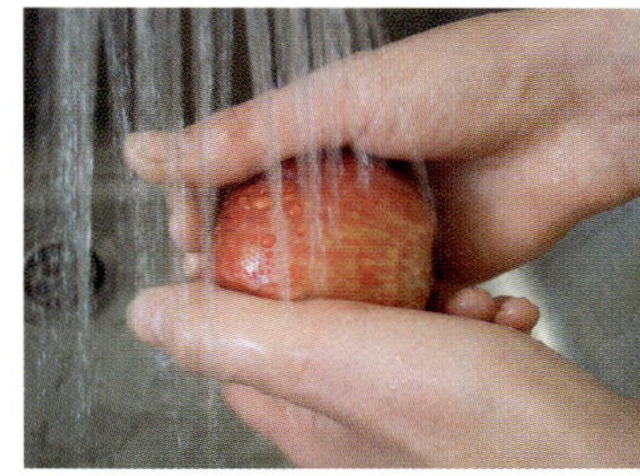

Tipp: Für Apfelmus eignen sich verschiedenste Apfelsorten.
Fertiges Apfelmus kann entweder eingefroren oder eingekocht werden und ist im Winter eine ideale Beilage oder Nachspeise.

Notizen

Apfelsäckchen auf Vanillespiegel

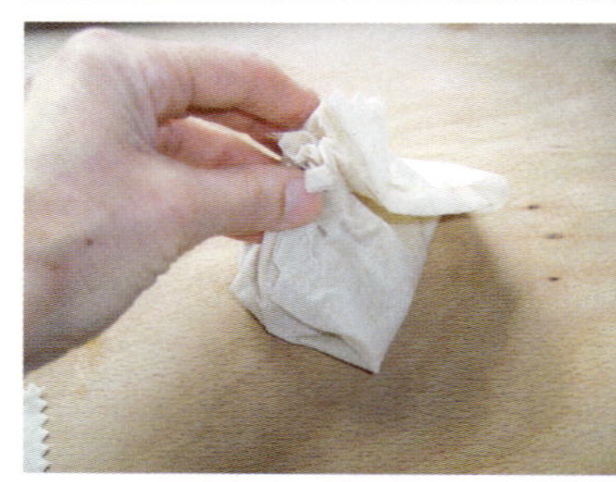

ZUTATEN:

2 große Äpfel
½ Pkg. Vanillezucker
50 g geriebene Mandeln
1 Prise Zimt
etwas Zitronensaft

½ Pkg. Strudelteig (Fertigprodukt)

ZUM BESTREICHEN:

1 Ei

VANILLESAUCE:

½ l Milch
½ Pkg. Vanillepuddingpulver
1 Pkg. Vanillezucker
1–2 EL Zucker
1 Prise Zimt

1. *Backrohr auf 160 °C Heißluft vorheizen. Vier Muffinsblechvertiefungen gut mit Öl bestreichen.*
2. *Äpfel waschen und grob raspeln.*
3. *Äpfel mit Mandeln, Vanillezucker, Zimt und Zitronensaft vermengen.*
4. *Strudelteigblätter mit einem Teigrad in vier Teile teilen und mit Ei bestreichen.*
5. *Je ein Viertel der Apfelfülle in die Mitte geben und kleine Säckchen daraus formen.*
6. *In die Formen geben, den oberen Teil der Säckchen noch leicht mit Ei bepinseln und etwa 15 Minuten backen. Nach der Hälfte der Backzeit unbedingt mit Alufolie abdecken, damit die Spitzen nicht verbrennen!*
   Auf Vanillespiegel anrichten und dekorieren.

Vanillesauce:

1. *Puddingpulver mit 4 EL kalter Milch, Zucker, Zimt und Vanillezucker gut verrühren.*
2. *Restliche Milch zum Kochen bringen, das angerührte Puddingpulver einrühren und etwa 1 Min. kochen.*

Tipp: Den Teller mit Zimt, Kakaopulver oder Staubzucker dekorieren und mit Apfelspalten garnieren. Die Fülle je nach Vorliebe variieren. Die Apfelsäckchen können auch auf einem Backblech gebacken werden.

Notizen

Apfel-Tiramisu

ZUTATEN:

APFELMUS:

1 kg Äpfel, süß
1 kleine Zimtstange
4 Gewürznelken
Saft einer $\frac{1}{2}$ Zitrone
2–3 EL Zucker

(ersatzweise 1 Liter Apfelmus aus dem Glas)

60 Stück Biskotten
(Vollkornbiskotten)

$\frac{1}{4}$ l Schlagobers
(oder $\frac{1}{8}$ l Obers und
$\frac{1}{8}$ l Naturjoghurt)
1 Pkg. Sahnesteif
1 Pkg. Vanillezucker

2 EL Kakao

1. *Äpfel gründlich waschen und mit dem Messer oder Apfelteiler in Spalten teilen (Kerngehäuse entfernen).*
2. *Ungeschält in wenig Wasser mit den Gewürzen weich dünsten.*
3. *Gewürze entfernen, Äpfel mit dem Mixstab pürieren, mit Zitronensaft und Zucker abschmecken.*
4. *Apfelmus gut auskühlen lassen.*
5. *Schlagobers eine Minute schlagen, Sahnesteif und Vanillezucker dazugeben und steif schlagen.*
6. *Biskotten abwechselnd mit Apfelmus in eine Auflaufform schichten. Die letzte Schicht sollte aus Biskotten bestehen.*
7. *Zum Schluss das Obers auf die Biskotten streichen, mit Folie abdecken und in den Kühlschrank stellen.*
   Vor dem Servieren mit Kakaopulver bestreuen.

Tipp: Dieses Dessert kann auch portionsweise in kleinen Glasschüsserln angerichtet werden.
Ein schnelles und ideales Dessert in den Wintermonaten, das sich gut aus selbst gemachtem Apfelmus zubereiten lässt.

Notizen

Bananencreme

ZUTATEN:

$\frac{1}{2}$ Pkg. Vanillepudding-pulver
2 EL Zucker
4 EL kalte Milch
$\frac{1}{4}$ l Milch

1 Orange
2 reife Bananen
1 Pkg. Vanillezucker
$\frac{1}{4}$ l Naturjoghurt

ZUM GARNIEREN:

$\frac{1}{2}$ Banane
4 Kompottkirschen (kandierte Kirschen)
Schokoladeflocken

1. *Puddingpulver, Zucker und 4 EL kalte Milch glatt rühren.*
2. *$\frac{1}{4}$ Liter Milch zum Kochen bringen. Puddingpulver einrühren und aufkochen lassen (Anleitung des Puddingherstellers beachten).*
3. *Pudding auskühlen lassen. Ab und zu mit einer Schneerute umrühren, damit sich keine Haut bildet.*
4. *Orange auspressen.*
5. *Banane schälen und mit einer Gabel zerdrücken.*
6. *Orangensaft, Bananenmus, Joghurt und Vanillezucker unter den kalten Pudding rühren und in Glasschalen anrichten.*
7. *Creme mit den angegebenen Zutaten beliebig garnieren und gleich servieren.*

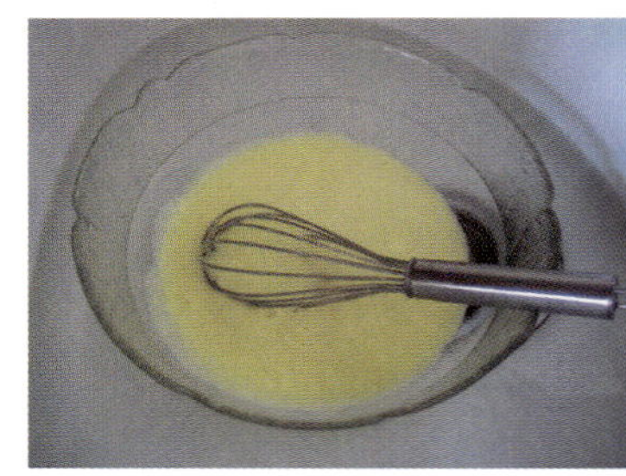

Tipp: Bananen sind reich an verschiedenen Zuckerarten und daher schnelle Energielieferanten.
Eine Schlagobersrosette auf die angerichtete Creme spritzen und selbst gebackene Waffeln dazu servieren.
Für eine besonders feine Creme die Masse mit dem Mixstab pürieren.

Notizen

Beerengelee

ZUTATEN:

300 g Beerenobst (Johannisbeeren, Himbeeren, Erdbeeren etc.)
4 Blatt Gelatine
¼ l Fruchtsaft (oder verdünnter Fruchtsirup)
1 EL Honig
1 Pkg. Vanillezucker
⅛ l Naturjoghurt

ZUM GARNIEREN:

Beerenobst der Saison
Zitronenmelisse

1. *Beerenobst waschen, bei Bedarf von Stängeln entfernen und gut abtropfen lassen.*
2. *Gelatineblätter in kaltem Wasser 5 Min. einweichen.*
3. *Fruchtsaft erwärmen, aber nicht aufkochen lassen!*
4. *Gelatineblätter gut ausdrücken und in der warmen Flüssigkeit auflösen.*
5. *Beerenobst dazugeben und mit Honig und Vanillezucker abschmecken. Je nach Süße der Früchte eventuell noch etwas Zucker hinzufügen.*
6. *Beerengelee in Gläser füllen und kalt stellen.*
7. *Vor dem Servieren Naturjoghurt am Gelee verteilen und mit Beeren und Zitronenmelisse garnieren.*

Tipp: Es können auch Tiefkühlbeerenfrüchte verwendet werden. Gelatine nicht aufkochen, sonst verliert sie ihre Gelierfähigkeit.

Notizen

Beeren-Mohn-Becher

ZUTATEN:

350 g Beerenfrüchte (z. B. Erdbeeren, Himbeeren, Heidelbeeren – entweder eine Sorte oder gemischt)
1 EL Honig
1 TL Zitronensaft
½ Pkg. Vanillezucker

CREME:

⅛ l Milch
1 EL Zucker
¼ Zimtstange
50 g Mohn, gerieben

½ TL Stärkemehl
2 EL Wasser

⅛ l Schlagobers

ZUM GARNIEREN:

frische Früchte (Zitronenmelisse)

1. *Beeren gründlich waschen, gut abtropfen lassen und große Erdbeeren vierteln. Einige Früchte für die Garnitur zur Seite legen.*
2. *Beeren mit Honig, Zitronensaft und Vanillezucker vermischen.*
3. *Für die Creme Milch mit Zucker und Zimtstange aufkochen. Mohn einrühren und bei mittlerer Hitze unter Rühren etwa 3 Min. kochen.*
4. *Stärkemehl mit Wasser glatt rühren, einkochen und nochmals 1 Min. aufkochen.*
5. *Zimtstange herausnehmen, Mohnmasse umschütten und kalt stellen (Wasserbad).*
6. *Schlagobers schlagen.*
7. *Mohnmasse mit der Schneerute gut durchrühren und Schlagobers vorsichtig unterheben.*
8. *Marinierte Früchte auf Glasschalen oder Dessertteller verteilen. Creme darauf anrichten und garnieren.*

Tipp: Tiefkühlbeeren vorher auftauen lassen.
Das Dessert mit selbst gemachten Waffeln oder Keksen garnieren.

Eis-Früchte-Palatschinken

ZUTATEN:

PALATSCHINKENTEIG:

50 g Weizenvollmehl
gut ⅛ l Milch
1 Prise Salz
½ Pkg. Vanillezucker
1 Ei
etwas Öl zum Backen

SCHOKOLADESAUCE:

50 g Schokolade
½ TL Maizena (Stärke)
½ TL Butter
1/16 l kaltes Wasser

FÜLLE:

⅛ l Obers
100 g Erdbeeren
(oder Himbeeren)
2 Kiwis
2 Bananen
(Marillen, Pfirsich)
½ l Vanilleeis

1. Mehl, Milch, Salz und Vanillezucker mit dem Schneebesen glatt rühren. Ei untermischen und den Teig 15 Min. rasten (= quellen) lassen.

2. Einige Tropfen Öl in einer beschichteten Bratpfanne erhitzen. Ein Viertel des Teiges eingießen und durch Schwenken verteilen. Ca. 2 Min. backen, Palatschinke umdrehen und auf der zweiten Seite fertig backen. Weitere drei Palatschinken backen.

3. Palatschinken bis zum Anrichten abdecken und im Backrohr (bei 70 °C) warm stellen.

4. Für die Schokoladesauce alle Zutaten in einer kleinen Kasserolle unter ständigem Rühren zum Kochen bringen und überkühlen lassen.

5. Schlagobers schlagen, in einen Spritzsack füllen und kalt stellen.

6. Erdbeeren gründlich waschen und gut abtropfen lassen.

7. Kiwis und Bananen schälen und mit den Erdbeeren in Scheiben schneiden.

8. Palatschinken auflegen, mit Eis und Früchten belegen, zusammenfalten und auf Tellern anrichten.

9. Mit Schokoladesauce, Schlagobers sowie restlichen Früchten garnieren und rasch servieren.

Tipp: Die Früchte- und Eissorten nach Belieben variieren.

Exotischer Obstteller mit Limettensauce

ZUTATEN:

1 kleine Ananas
1 Orange
1 Kiwi
1 Mango
1 Papaya
1 Banane

weitere exotische Früchte je nach Angebot wie: Kapstachelbeeren, Litschi, Datteln ...

LIMETTENSAUCE:

¼ l Naturjoghurt
Saft und Schale einer Limette
2 EL Mandeln, gemahlen
2 EL Honig oder Ahornsirup

1. Enden der Ananas auf beiden Seiten abschneiden. Ananas vierteln, Strunk mit einem Schrägschnitt entfernen, Fruchtfleisch von der Schale trennen und in Stücke schneiden.

2. Orange und Kiwi schälen und in Spalten teilen (oder filetieren).

3. Mango mit dem Sparschäler dünn schälen, Fruchtfleisch rund um den Kern abschneiden und zerteilen.

4. Papaya dünn schälen, halbieren, die dunklen Kerne mit einem Löffel herausschaben, Fruchtfleisch in Scheiben schneiden oder mit dem Kugelausstecher formen.

5. Banane schälen und schneiden.

6. Für die Sauce die unbehandelte Limette gründlich waschen, Schale abreiben und die Limette auspressen.

7. Alle Zutaten der Sauce vermengen und anrichten (entweder über die Früchte gießen oder in eine ausgehöhlte Kiwihälfte geben).

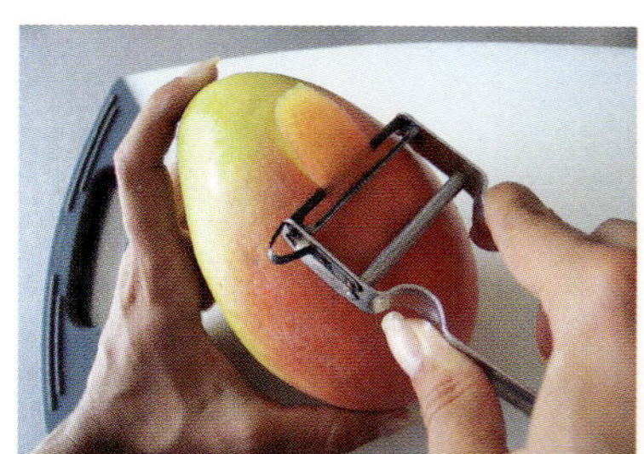

Früchtefondue

ZUTATEN:

SCHOKOLADESAUCE:

$\frac{1}{8}$ l Schlagobers
150 g Milchschokolade

600 g Obst
(z. B. je nach Jahreszeit Bananen, Mandarinen, Pfirsiche, Kirschen, Kiwis, Ananas, Erdbeeren, Äpfel ...)

1. *Milchschokolade zerteilen, mit Schlagobers im Wasserbad langsam schmelzen (Wasser sollte nicht kochen!). Sauce gut verrühren.*
2. *Obst je nach Sorte schälen oder gründlich waschen und trocknen.*
3. *Obst in mundgerechte Stücke schneiden. Alles auf einer Platte oder portionsweise anrichten.*
4. *Sauce in einen Schokoladefonduetopf füllen (oder kleine Schüssel auf ein Stövchen mit Teelicht stellen).*
5. *Obststücke bei Tisch auf Fonduegabeln spießen und in die warme Schokoladesauce tauchen. Oder Schokoladesauce in Sauciere füllen und das Obst bei Tisch beträufeln.*

Tipp: Nur die Spitzen des Obstes in die Sauce tauchen und kurz abtropfen lassen, dadurch erhalten die Früchte ihren Eigengeschmack.
Als Beilage kann man frisch gebackene Waffeln reichen.

Notizen

Heidelbeercreme

ZUTATEN:

250 g frische Heidelbeeren (ersatzweise Tiefkühlheidelbeeren)
$\frac{1}{2}$ TL Zitronensaft
$\frac{1}{4}$ l Naturjoghurt
1–2 EL Zucker

4 Blatt Gelatine
$\frac{1}{8}$ l Schlagobers

ZUM GARNIEREN:

Heidelbeeren
4 TL Schlagobers (von der Grundmasse)
Zitronenmelisse

1. Heidelbeeren in einem Sieb gründlich waschen (einige für die Garnitur zur Seite legen) und mit dem Mixstab pürieren.

2. Heidelbeermus, Zitronensaft, Joghurt und Zucker verrühren.

3. Schlagobers schlagen.

4. Gelatineblätter 6 Minuten in kaltem Wasser einweichen, gut ausdrücken und auf kleinster Stufe langsam erwärmen, bis sie sich auflösen.

5. 1 bis 2 Esslöffel von der Heidelbeermasse zur erwärmten Gelatine geben und gut verrühren.

6. Aufgelöste Gelatine und $\frac{2}{3}$ des geschlagenen Obers unter die Heidelbeermasse heben.

7. Creme auf Gläser aufteilen und garnieren.

8. Bis zum Servieren in den Kühlschrank stellen.

Tipp: Heidelbeeren sind reich an „sekundären Pflanzeninhaltsstoffen", die eine positive Wirkung auf unseren Körper haben.
Diese Creme kann auch mit Erdbeeren oder Himbeeren zubereitet werden.
Gelatine nicht erhitzen, sie verliert dadurch ihre Gelierfähigkeit.

Notizen

Heiße Früchte mit Vanilleeis

ZUTATEN:

1 große Orange
1 kleine Hawaii-Ananas (ersatzweise 1 kleine Dose Ananasstücke)
1 Banane
1 Apfel

1 EL Honig
2 EL geschälte Mandeln oder Cashewnüsse
2 Msp. Ingwerpulver (oder ½ TL frisch geraspelter Ingwer)

4 Kugeln Vanilleeis
½ Becher Naturjoghurt

GARNITUR:

Evtl. ⅛ l Obers
Fruchtstückchen
Waffeln (Eiswaffeln)

1. *Orange schälen und in Stücke schneiden.*
2. *Ananas schälen, vierteln, Strunk herausschneiden und in Stücke schneiden.*
3. *Apfel waschen und abtrocknen. Banane schälen und beides in große Würfel schneiden.*
4. *Honig in einer Pfanne (Wokpfanne) erhitzen und die Nüsse darin kurz anrösten.*
5. *Geschnittene Früchte und Ingwer dazugeben und kurz mitgaren.*
6. *Früchte mit Vanilleeis und Joghurt anrichten, dekorieren und gleich servieren.*

Tipp: Die Früchte je nach Vorliebe variieren. Als Beilage Waffeln servieren.

Notizen

Herbstlicher Obstsalat

ZUTATEN:

8 EL Orangensaft
1 große Birne
2 kleine Äpfel
100 g Weintrauben
4 Zwetschken
1–2 EL Rosinen

1 EL Nüsse

1. *Orangensaft in eine größere Glasschüssel geben.*
2. *Früchte waschen und mit einem Geschirrtuch abtrocknen.*
3. *Birne und Äpfel vierteln, mit einem Schrägschnitt das Kerngehäuse entfernen, würfelig schneiden und zum Orangensaft geben.*
4. *Trauben halbieren, Kerne entfernen und in die Schüssel geben.*
5. *Zwetschken in der Mitte teilen, Kern entfernen, in kleine Stücke schneiden und zum restlichen Obst geben.*
6. *Rosinen in einem Sieb waschen, abtropfen lassen und zum Obst geben.*

7. *Alles vorsichtig vermischen und in Kompottschüsserln anrichten.*
8. *Nüsse grob hacken, über den Obstsalat streuen und gleich servieren.*

Tipp: Für diesen Fruchtsalat einheimisches Obst verwenden. Einige Früchte zum Dekorieren des Obstsalates zurückbehalten.

Notizen

Hirsespeise

ZUTATEN:

100 g Hirse
¼ l Milch
1 Prise Salz
1 EL Zucker
½ Pkg. Vanillezucker

2 EL Rosinen
2 EL Nüsse
2 Äpfel
2 EL Honig
Zimt
½ Pkg. Vanillezucker

⅛ l Schlagobers

ZUM GARNIEREN:

Früchte der Saison
Nüsse/Mandeln
(1/16 l Schlagobers)

1. Hirse in ein feines Sieb geben, mit heißem Wasser gründlich abschwemmen und gut abtropfen lassen.

2. Milch, Salz, Zucker und Vanillezucker aufkochen. Hirse hineinschütten und auf kleiner Stufe ca. 30 Min. ausquellen. (Deckel schließen!)

3. Hirsebrei umschütten und auskühlen lassen.

4. Rosinen und Äpfel gründlich waschen.

5. Äpfel grob raspeln.

6. Nüsse hacken.

7. Hirsebrei mit Rosinen, Nüssen, Äpfeln, Honig, Zimt und Vanillezucker vermengen.

8. Schlagobers schlagen und vorsichtig unterheben.

9. Hirsebrei anrichten und mit vorbereiteten Früchten der Saison garnieren.

Tipp: Eine Schlagobersrosette auf die angerichtete Hirsespeise dressieren. Hirse ist ein wertvoller Mineralstofflieferant und kann sehr vielseitig zubereitet werden.

Notizen

Honig-Früchte-Topfen mit Nusswaffeln

ZUTATEN:

WAFFELN:

80 g Butter
3 EL Zucker
2 Eier
100 g Mehl
$\frac{1}{2}$ TL Backpulver
2 EL Nüsse, gerieben
$\frac{1}{2}$ Pkg. Vanillezucker
gut $\frac{1}{8}$ l Milch

HONIG-FRÜCHTE-TOPFEN:

250 g Magertopfen
1–2 EL Honig
$\frac{1}{2}$ Pkg. Vanillezucker
3 EL Crème fraîche
$\frac{1}{4}$ TL Zitronenschale
250 g gemischte Früchte (Beeren)

ZUM BETRÄUFELN:

4 TL Honig

ZUM GARNIEREN:

einige Früchte (Zitronenmelisse)

1. *Butter flaumig rühren. Alle Zutaten der Reihe nach dazugeben und gut vermischen, bis ein weicher Teig entsteht.*
2. *Waffeleisen vorheizen und (nur bei der ersten Waffel) leicht beölen.*
3. *Ca. 2 EL vom Teig einfüllen und etwa 3–4 Min. bei Mittelhitze backen. Waffeln auf einem Gitter auskühlen lassen.*
4. *Topfen mit Honig, Vanillezucker, Crème fraîche und Zitronenschale schaumig rühren.*
5. *Beeren in einem Sieb gründlich waschen und gut abtropfen lassen.*
6. *Erdbeeren vierteln (einige zum Garnieren zur Seite geben) und alle Beeren vorsichtig unter die Topfenmasse heben.*
7. *Auf Teller anrichten, mit jeweils einem Kaffeelöffel Honig beträufeln und mit restlichen Früchten sowie Zitronenmelisse garnieren.*
8. *Mit Waffeln servieren.*

Tipp: Frische Beerenfrüchte der Saison liefern wertvolle Vitamine und Mineralstoffe. Bei der Backzeit sich nach den Angaben des Waffeleisenherstellers orientieren.

Marillenkompott

ZUTATEN:

300 ml Wasser
2–3 EL Zucker
1 kl. Stück Zimtrinde
400–500 g Marillen

1. *Wasser mit Zucker und Zimtrinde zum Kochen bringen.*
2. *Marillen waschen, halbieren und Kerne entfernen.*
3. *Zimtrinde entfernen und die Marillenhälften ca. 3 bis 5 Min. bei geringer Hitze weich kochen.*
4. *In Kompottschüsserln anrichten und auskühlen lassen.*

Kirschenkompott

ZUTATEN:

300 ml Wasser
2–3 EL Zucker
1 kl. Stück Zimtrinde
400–500 g Kirschen

1. *Wasser mit Zucker und Zimtrinde zum Kochen bringen.*
2. *Kirschen waschen und Stängel entfernen.*
3. *Zimtrinde herausnehmen. Kirschen ca. 3 bis 5 Min. bei geringer Hitze weich kochen.*
4. *In Kompottschüsserln anrichten und auskühlen lassen.*

Tipp: Kompott je nach Süße der Früchte zuckern.
Eventuell noch mit etwas Zitronensaft abschmecken. Kompott reicht man als Zuspeise zu verschiedenen Süßspeisen oder als Nachspeise.

Milchreis mit Obst

ZUTATEN:

$^{3}/_{4}$ l Milch
1 Prise Salz
1 TL Butter
1 Msp. Zimt
1 Pkg. Vanillezucker
2 EL Kristallzucker
oder Honig
120 g Rundkornreis

1 Apfel
(oder Obst der Saison)

ZUM GARNIEREN:

Zimt oder Kakao

1. *Milch, Salz und Butter zum Kochen bringen. Zimt, Vanille- und Kristallzucker dazugeben.*
2. *Reis in die Milch einrühren und auf kleinster Stufe ca. 25 Min. ausdünsten lassen. (Deckel nicht schließen, sonst kocht der Milchreis über!) Ab und zu umrühren!*
3. *Apfel (Obst) waschen, in kleine Spalten oder Stücke schneiden und den Milchreis damit belegen.*
4. *Milchreis mit Zimt oder Kakao garnieren.*

Tipp: Immer wieder umrühren, damit der Milchreis nicht anbrennt.
Der Milchreis schmeckt warm oder kalt und kann mit Obst der Saison oder mit Fruchtsoße serviert werden.

Notizen

Milchreis-Sushi mit Obst

ZUTATEN:

gut ½ l Milch
1 EL Butter
1 Prise Salz
2 EL Kristallzucker
1 Packung Vanillezucker
120 g Rundkornreis
1 kleine Zitrone

1 Pkg. Blätterteig

ZUM BESTREICHEN:

1 Dotter
2 EL Milch

ZUM BELEGEN:

1 Kiwi oder
20 dag Kirschen
(ersatzweise
Kirschenkompott)

1. *Milch mit Butter, Salz, Zucker und Vanillezucker aufkochen. Reis einrühren und bei schwacher Hitze ca. 30 Min. ausdünsten lassen. (Ab und zu umrühren!)*
2. *Backrohr auf 180 °C Heißluft vorheizen. Backblech mit Backtrennpapier auslegen.*

Entweder Rauten und/oder Pasteten zubereiten.

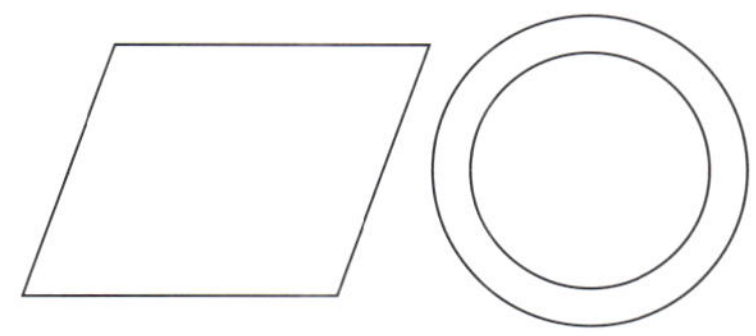

3. *Für Rauten den Blätterteig in 4 Teile teilen, diese versetzen und diagonal mit einem Teigrad durchschneiden. Mit Wasser bestreichen.*
4. *Für Pasteten den Blätterteig mit einem Kreisausstecher (Durchmesser ca. 6 cm) ausstechen und die Hälfte der Kreise (Oberteil) noch mit einem kleineren Ausstecher ausstechen. Unterteil mit Ei bestreichen, Oberteil aufsetzen und ebenfalls bestreichen.*

5. *Teigstücke ca. 10 Min. backen und auskühlen lassen.*
6. *Reis und Zitronensaft verrühren und auskühlen lassen.*
7. *Kiwi schälen, längs halbieren und in Scheiben schneiden (Kirschen waschen und abtropfen lassen).*
8. *Mit einem Eisportionierer Kugeln aus dem Milchreis ausstechen, auf die Rauten setzen und mit Kiwischeiben garnieren. Oder die Pasteten in der Mitte mit Milchreis füllen und Kirschen einsetzen.*

Tipp: Unbedingt Rundkornreis verwenden. Mit Obst der Saison belegen.

Sommerlicher Obstspieß

ZUTATEN:

4 EL Orangensaft
400 g Kern- oder Steinobst (Pfirsiche, Marillen, Äpfel, Birnen ...)
200 g Beerenobst (Erd- oder Himbeeren)

4–8 Holzspieße

1. *Orangensaft in einen tiefen Teller geben.*
2. *Kern- oder Steinobst je nach Sorte waschen, trocknen, entkernen und zerkleinern. Äpfel- und Birnenstücke in Orangensaft wenden.*
3. *Beerenfrüchte in einem Sieb waschen und gut abtropfen lassen.*
4. *Obst abwechselnd auf Holzspieße stecken und gleich servieren.*

Herbstlicher Obstspieß

ZUTATEN:

4 EL Orangensaft
600 g Obst (Birnen, Äpfel, Zwetschken, Weintrauben)

4–8 Holzspieße

Gleiche Zubereitung wie oben.

Große Weintrauben halbieren und entkernen.

Tipp: Es muss nicht immer ein Obstsalat sein. Einheimisches Obst der Saison bevorzugen und auf biologischen Anbau achten. Für kleine Spieße können Zahnstocher genommen werden.

Notizen

Obstteller mit Zitronendip

ZUTATEN:

ZITRONENSAUCE:

1/8 l Magerjoghurt
1 Becher Crème fraîche
Saft und Schale von
1/2 Zitrone (unbehandelt)
2 EL gemahlene Mandeln
oder Nüsse
2 EL Honig oder Ahornsirup

OBSTTELLER:

600–800 g Obst
(z. B. je nach Jahreszeit
Äpfel, Birnen, Zwetschken,
Mandarinen, Orangen,
Pfirsiche, Bananen, Kirschen,
Erdbeeren ...)

1. *Joghurt mit Crème fraîche gut verrühren.*
2. *Zitrone gründlich waschen und die Hälfte der Schale abreiben. Zitrone halbieren und eine Hälfte auspressen.*
3. *Alle Zutaten für die Sauce verrühren und in kleinen Glas- oder Porzellanschüsseln anrichten.*
4. *Obst je nach Sorte schälen oder gründlich waschen und trocknen.*
5. *Obst in mundgerechte Stücke schneiden. Alles auf einer Platte oder portionsweise anrichten und rasch servieren, damit die Früchte nicht braun werden.*
6. *Obststücke bei Tisch auf Fonduegabeln (ersatzweise Kuchengabeln) spießen und in den Dip tauchen.*

Tipp: Anstelle der Zitrone kann auch eine unbehandelte Limette verwendet werden. Nur die Spitzen des Obstes in den Dip tauchen und abtropfen lassen, damit die Früchte ihren Eigengeschmack erhalten. Waffeln oder Vollkornbiskotten dazu reichen.

Notizen

Obst-Tiramisu

ZUTATEN:

20 Vollkornbiskotten
1/8 l Orangensaft

1/8 l Schlagobers
1/4 l Joghurt
1/2 Pkg. Vanillezucker

250 g Früchte der Saison (Erdbeeren, Weintrauben, Himbeeren …)

1. *Biskotten halbieren, die Hälfte in Orangensaft tunken und in kleine Kompottschüsseln schlichten.*
2. *Schlagobers mit dem Mixer schlagen.*
3. *Joghurt und Vanillezucker vorsichtig unter das geschlagene Obers heben.*
4. *Hälfte der Creme über die Kompottschüsserln verteilen.*
5. *Jetzt noch eine Schicht getunkte Biskotten über die Creme geben.*
6. *Restliche Creme darüber verteilen.*
7. *Früchte gut waschen, abtropfen lassen, schneiden und die Creme damit reichlich garnieren.*
8. *Bis zum Servieren kalt stellen.*

Tipp: Das Obst-Tiramisu kann auch mit anderen Obstsorten zubereitet werden. Entweder portionsweise anrichten oder in eine Auflaufform schichten (dann müssen die Biskotten nicht halbiert werden).

Notizen

Grant'nschleck

ZUTATEN:

250 g Magertopfen (passiert)
½ Pkg. Vanillezucker
⅛ l Schlagobers
⅛ l Preiselbeerkompott

GARNITUR:

4 TL Preiselbeerkompott
Zitronenmelisse

1. *Schlagobers schlagen.*
2. *Topfen mit Vanillezucker schaumig rühren, Schlagobers und Preiselbeerkompott untermischen.*
3. *Anrichten und garnieren.*

Drautaler Birnen

ZUTATEN:

2 große Birnen
¼ l Apfelsaft
2 Gewürznelken
½ kleine Zimtrinde
Saft einer ½ Zitrone

(ersatzweise halbierte Kompottbirnen)

4 EL Preiselbeerkompott
etwas Apfelsaft
⅛ l Schlagobers

GARNITUR:

Zitronenmelisse

1. *Birnen gründlich waschen, halbieren, das Kerngehäuse rund ausstechen (Kugelausstecher) und mit Zitronensaft beträufeln.*
2. *Apfelsaft mit Nelken und Zimtrinde aufkochen, Birnenhälften darin weich dünsten und auskühlen lassen.*
3. *Schlagobers steif schlagen und in einen Dressiersack füllen.*
4. *Anrichten, die Höhlung mit Preiselbeerkompott füllen, mit Apfelsaft beträufeln und mit Obers garnieren.*

Tipp: Preiselbeeren nennt man im Kärntner Volksmund Grant'n.

Notizen

Schmetterlings-Eisdessert (für 4–6 Personen)

ZUTATEN:

TEIG:

1 Ei
50 g Staubzucker
50 g Mehl

ZUM GARNIEREN:

50 g Schokolade

EISDESSERT:

½ l Schokolade- oder Vanilleeis

400 g frisches Obst der Saison (eine Sorte oder gemischt)

1. *Aus dünnem Karton einen Schmetterling (oder beliebiges anderes Motiv) ausschneiden.*
2. *Backrohr auf 180 °C Heißluft vorheizen. Backblech mit Backtrennpapier auslegen.*
3. *Ei, Staubzucker und Mehl rasch verrühren.*
4. *Die etwas festere Masse in der Schablone mit einem Messer dünn aufstreichen.*
5. *Schablone abnehmen und weitere Schmetterlinge aufs Blech streichen.*
6. *Blech ins heiße Rohr schieben und ca. 5 Min. backen.*
7. *Schmetterlinge sofort vom Blech lösen, über eine Alufolie (oder dicken Kochlöffelstiel) biegen und erkalten lassen.*
8. *Schokolade vorsichtig im Wasserbad erwärmen. In ein kleines Plastiksäckchen füllen, die Spitze einer Ecke wegschneiden und die Schmetterlinge verzieren.*
9. *Obst gründlich waschen und je nach Sorte in beliebige Stücke schneiden.*
10. *Obst auflegen, Eis portionieren, Schmetterlinge aufsetzen und mit restlicher Schokolade garnieren.*

Tipp: Das noch heiße Gebäck rasch biegen, sonst bricht es.
Die selbst gemachten Schmetterlinge geben jedem Obst- oder Eisdessert eine persönliche Note. Schokoladeornamente auf Alufolie oder Backtrennpapier spritzen, ins Tiefkühlfach legen, vom Papier abheben und das Dessert damit garnieren.

Schokoladencreme (für 4–6 Personen)

ZUTATEN:

½ l Milch
1 Pkg. Schokadepuddingpulver
1 EL Kristallzucker
50 g Milchschokolade
1 Pkg. Vanillezucker
¼ l Schlagobers

ZUM GARNIEREN:

Schlagobers (von den Grundzutaten)
Schokoladespäne
evtl. kandierte Kirschen oder Früchte der Saison

1. *Puddingpulver mit 3 EL kalter Milch, Vanille- und Kristallzucker glatt rühren.*
2. *Restliche Milch zum Kochen bringen, angerührtes Puddingpulver einrühren und nochmals aufkochen lassen. (Die Anleitung des Puddingpulverherstellers beachten!) Schokolade dazugeben und im Pudding schmelzen lassen.*
3. *Heißen Pudding in ein kaltes Gefäß schütten, immer wieder umrühren und auskühlen lassen.*
4. *Schlagobers schlagen. Ca. ¼ der Menge in einen Dressiersack füllen.*
5. *Restliches Schlagobers vorsichtig unter den kalten Pudding heben und in Glasschalen anrichten.*
6. *Creme mit Schlagobers und den angegebenen Zutaten garnieren und bis zum Servieren kalt stellen.*

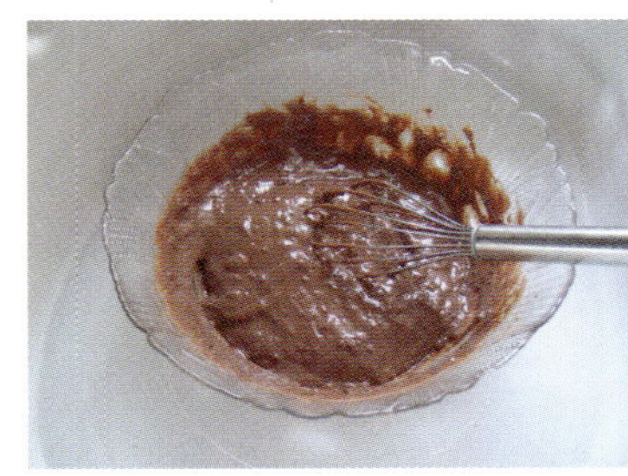

Tipp: Darauf achten, dass die Milch nicht überkocht! Während des Aufkochens immer umrühren, damit der Pudding nicht anbrennt.
Für die Dekoration die Schokolade mit einem Sparschäler „schälen“.

Notizen

Sommerlicher Obstsalat

ZUTATEN:

8 EL Orangensaft
500 g Kern- oder Steinobst (Pfirsiche, Marillen, Kirschen, Äpfel ...)
200 g Beerenfrüchte (Erdbeeren, Himbeeren, Heidelbeeren ...)
(ein Stück Melone)
1 Pkg. Vanillezucker

1 EL Nüsse
(⅛ l Schlagobers oder 4 Kugeln Vanilleeis)

1. *Orangensaft (evtl. frisch gepresst) in eine größere Glasschüssel geben.*
2. *Kern- oder Steinobst je nach Sorte waschen, trocknen, entkernen, zerkleinern und zum Orangensaft geben. (Ersatzweise Kompottfrüchte.)*
3. *Beerenfrüchte in einem Sieb waschen, abtropfen lassen und zum geschnittenen Obst geben.*
4. *Alles vermischen, Vanillezucker dazugeben und in Glasschüsserln anrichten.*
5. *Nüsse grob hacken, über den Obstsalat streuen (eventuell noch mit Schlagobers oder Vanilleeis dekorieren) und gleich servieren.*

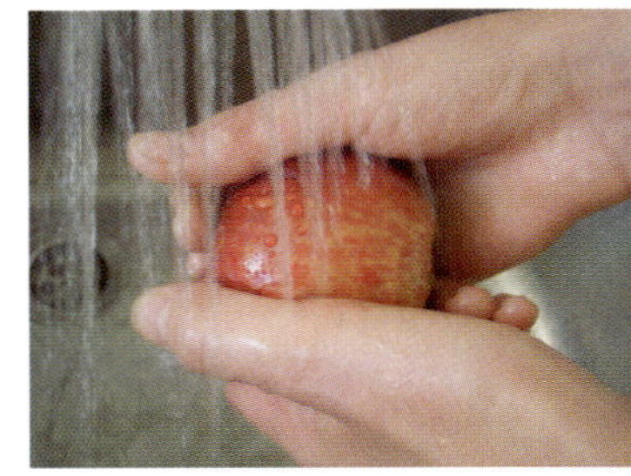

Tipp: Für den Fruchtsalat einheimisches Obst bevorzugen. Alle Früchte gleich groß schneiden, damit der Geschmack der einzelnen Sorten erhalten bleibt. Das reife Obst gibt schon genügend Süße, sodass auf zusätzlichen Zucker oder Honig verzichtet werden kann.

Notizen

Tiramisu im Glas (für 6 Personen)

ZUTATEN:

½ l Milch
1 Pkg. Vanillepuddingpulver

⅛ l Schlagobers

120 g Mascarpone
(oder Mascarino)
2 EL Zucker
Mark einer Vanilleschote
(ersatzweise
1 Pkg. Vanillezucker)

knapp ¼ l Kaffee
(Löskaffee, koffeinfrei)
30 Stück Vollkornbiskotten

1–2 EL Kakaopulver

1. *Pudding laut Anleitung auf der Packung (ohne Zucker!) zubereiten.*
2. *Pudding erkalten lassen. (Ab und zu umrühren – damit sich keine Haut bildet!)*
3. *Schlagobers schlagen.*
4. *Mascarpone mit Zucker, Mark der Vanilleschote und der kalten Puddingmasse verrühren.*
5. *Schlagobers unter die Puddingmasse mischen.*
6. *Biskotten halbieren und kurz in Kaffee tränken.*
7. *Abwechselnd Biskotten und Creme in kleine Glasschüsserln schichten.*
8. *Mit Vanillecreme abschließen, mit Kakaopulver bestreuen und bis zum Servieren kalt stellen.*

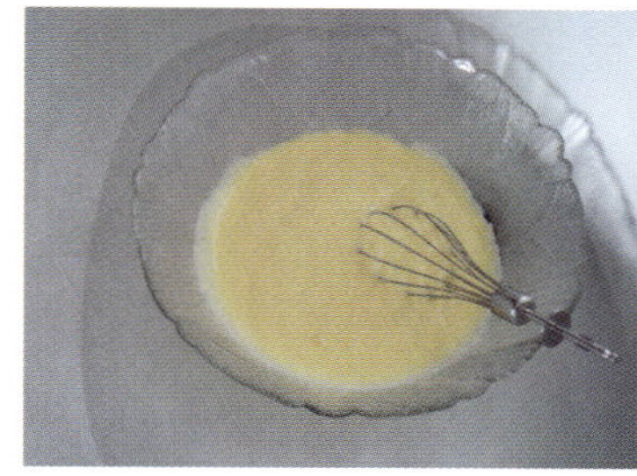

Tipp: Dieses Tiramisu-Rezept enthält kein Ei und kann daher bedenkenlos gegessen werden.

Notizen

Topfencreme mit Früchten

ZUTATEN:

250 g Magertopfen
1 Becher Magerjoghurt
etwas Zitronensaft
1 EL Honig
½ Pkg. Vanillezucker

400 g Obst der Saison

ZUM GARNIEREN:

1 EL Müsliflocken oder gehackte Nüsse

1. *Topfen, Joghurt, Zitronensaft, Honig und Vanillezucker in einer Schüssel gut vermischen.*
2. *Obst gut waschen und trocknen. Einige Früchte zum Verzieren zur Seite geben.*
3. *Obst je nach Sorte zerkleinern oder würfelig schneiden.*
4. *Zerkleinertes Obst vorsichtig unter die Topfenmasse mischen.*
5. *Creme anrichten, mit Obst sowie Müsliflocken und/oder Nüssen garnieren.*

Tipp: Entweder eine Sorte Obst nehmen oder mehrere Früchte mischen. Einheimisches Obst aus biologischem Landbau bevorzugen.
Frische Beeren aus dem eigenen Garten oder aus dem Wald geben der Creme eine besondere Note.

Notizen

Alkoholfreie Getränke

*... wenn es einmal etwas anderes
als Wasser sein soll!*

*Früchte je nach Jahreszeit wählen
und Milchmixgetränke
immer erst unmittelbar vor dem
Servieren zubereiten.*

Tropical-Cocktail

ZUTATEN:

¼ l Ananassaft
¼ l Mangosaft
¼ l Mineralwasser

Eiswürfel

4 Zitronenscheiben
oder Früchte

1. *Ananas- und Mangosaft vermischen und auf die Gläser aufteilen.*
2. *Mit kaltem Mineralwasser aufgießen.*
3. *Eiswürfel dazugeben, garnieren und gleich servieren.*

Erfrischungscocktail

ZUTATEN:

¼ l Apfelsaft
¼ l Ananassaft
Saft von 1 Limette
(oder Zitrone)
2 EL Honig

Eiswürfel
¼ l Mineralwasser
4 Limetten- oder
Ananasscheiben

1. *Apfel-, Ananas- und Limettensaft und Honig in einen Glaskrug geben und kräftig mit der Schneerute vermischen.*
2. *Eiswürfel in die Gläser verteilen und mit dem Drink übergießen.*
3. *Mit Mineralwasser aufgießen, mit Limettenscheiben garnieren und servieren.*

Miraculix-Cocktail

ZUTATEN:

½ l Marillensaft
Saft von ½ Zitrone
1 EL Honig
1 Pkg. Vanillezucker

Eiswürfel
¼ l Mineralwasser
1 Marille
½ Kiwi

1. *Marillen-, Zitronensaft, Honig und Vanillezucker gut miteinander vermischen.*
2. *Eiswürfel in Gläser verteilen und mit dem Saft übergießen.*
3. *Mit Mineralwasser auffüllen, mit Marillen- und Kiwischeiben garnieren und servieren.*

Tipp: Garnitur vorbereiten und die Cocktails sofort servieren. Ideale Getränke bei Sommerfesten.

Erdbeer-Milch-Mix

ZUTATEN:

½ l Milch (Buttermilch)
¼ kg frische Erdbeeren
¼ l Orangensaft
(nicht frisch gepresst)

Zucker nach Belieben

4 kleine Kugeln Vanilleeis
Erdbeeren zum Garnieren

1. *Erdbeeren gründlich in einem Sieb waschen und gut abtropfen lassen.*
2. *Erdbeeren und Milch mixen.*
3. *Orangensaft (evtl. Zucker) dazugeben.*
4. *In Gläser füllen, mit Vanilleeis und Erdbeeren garnieren.*

Himbeer-Milch-Mix

ZUTATEN:

½ l Milch
¼ l Naturjoghurt
¼ kg Himbeeren
6 EL Himbeersaft (oder
2 EL Himbeersirup)

Zucker nach Belieben

(evtl. 4 kleine Kugeln
Vanilleeis)
Himbeeren zum Garnieren

1. *Himbeeren gründlich in einem Sieb waschen und gut abtropfen lassen.*
2. *Alle Zutaten gut mixen und Zucker je nach Süße der Früchte zugeben.*
3. *In Gläser füllen und mit Himbeeren (sowie Vanilleeis) garnieren.*

Tipp: Die Milchmixgetränke müssen sofort serviert werden!
Für Früchte mit höherem Säuregehalt ist saure Milch oder Joghurt besser geeignet als Milch.
Nur ausgereifte und einwandfreie Früchte auswählen.
Für die Garnitur Früchte auf kleine Spieße stecken.
In den Wintermonaten können auch Tiefkühlfrüchte zum Mixen verwendet werden.

Notizen

Früchtepunsch

ZUTATEN:

¾ l Wasser
2 Gewürznelken
½ Zimtstange
2 Säckchen Früchtetee

2 Orangen
1 Zitrone
¼ l Apfelsaft
2 EL Zucker oder Honig

1. *Wasser mit den Gewürzen zum Kochen bringen.*
2. *Teesäckchen einhängen und ca. 5 Minuten ziehen lassen.*

3. *Orangen und Zitrone auspressen.*
4. *Apfel-, Orangen- und Zitronensaft zum Tee geben und nach Geschmack süßen.*

Apfelpunsch

ZUTATEN:

¾ l Apfelsaft
¼ l Wasser

1 EL Honig
1 Msp. Zimt, gemahlen
1 Msp. Nelkenpulver
½ Zitrone

1. *Apfelsaft mit Wasser erwärmen. (Nicht zum Kochen bringen!)*
2. *Zitrone auspressen.*

3. *Alle Zutaten dazugeben und ca. 5 Min. ziehen lassen.*
4. *Abschmecken und anrichten.*

Lassi (aus Pakistan)

ZUTATEN:

½ l Multivitaminsaft (oder frisch gepresster Obstsaft)
½ l Joghurt oder Acidophilusmilch
Früchte der Saison

1. *Multivitaminsaft mit Joghurt oder Acidophilusmilch gut vermischen.*
2. *Anrichten, mit Früchten garnieren und gleich servieren.*

Bananenmilch

ZUTATEN:

2–3 reife Bananen
¾ l Milch
½ Pkg. Vanillezucker

1. *Bananen schälen und in größere Stücke schneiden.*
2. *Bananenstücke mit Milch und Vanillezucker in einem Mixbecher (oder mit dem Pürierstab) mixen.*
3. *Gleich servieren.*

Früchte-Shake

ZUTATEN:

250 g Erdbeeren (oder Früchte der Saison)
2 Bananen
½ l Magerjoghurt
¼ l Milch
1 EL Honig
½ Pkg. Vanillezucker

1. *Erdbeeren in einem Sieb gründlich waschen, abtropfen lassen.*
2. *Bananen schälen und zerteilen.*
3. *Alle Zutaten in einem Mixbecher oder mit dem Pürierstab mixen, anrichten, garnieren und gleich servieren.*

Tipp: Marmelade oder Tiefkühlfrüchte sind während der Wintermonate Ersatz für frisches Obst.

Orangen-Bowle

ZUTATEN:

4 Orangen
1 Liter Apfelsaft
½ l Mineralwasser

1. *Orangen an den Enden abschneiden und mit einem kleinen Messer schälen.*
2. *Orangen würfelig schneiden, in eine Glasschüssel (oder Bowlegefäß) geben, mit Apfelsaft aufgießen und kalt stellen.*

3. *Vor dem Servieren das Mineralwasser dazuschütten.*

Sommer-Bowle

ZUTATEN:

500 g Obst der Saison (einzeln oder gemischt)
1 Liter Apfelsaft
½ l Mineralwasser

1. *Obst waschen, je nach Sorte schälen und kleinwürfelig schneiden.*
2. *In eine Glasschüssel geben, mit Apfelsaft aufgießen und mindestens 30 Min. kalt stellen.*

3. *Vor dem Servieren kaltes Mineralwasser dazuschütten.*

Tipp: Erst kurz vor dem Servieren das kalte Mineralwasser dazugießen.
Eine Früchtebowle ist im Sommer ein idealer Durstlöscher.

Notizen

Mehlspeisen und Bäckereien

Backwerk für jede Gelegenheit!

*Wer will guten Kuchen backen ...
braucht neben den sieben Sachen
auch ein paar Tipps,
wie altbewährte Rezepte
Eingang in die Schnellküche
finden können.*

Apfelkuchen

ZUTATEN:

1 kg Äpfel

¼ l Schlagobers
200 g Staubzucker
1 Pkg. Vanillezucker
4 Eier

350 g Weizenmehl
(Vollkornmehl)
½ Pkg. Backpulver

2 EL geriebene Nüsse
oder Mandeln

1. *Backblech mit Backtrennpapier auslegen. Backrohr auf 180 °C Heißluft vorheizen.*
2. *Äpfel gründlich waschen.*
3. *Äpfel mit Messer oder Apfelteiler in dünne Spalten teilen.*
4. *Schlagobers, Zucker, Vanillezucker und ganze Eier gut schaumig aufschlagen.*

5. *Mehl mit Backpulver mischen und langsam mit einem Kochlöffel unter die Schaummasse heben. (Nicht mehr mixen!)*
6. *Masse aufs Blech streichen und mit Apfelspalten belegen.*
7. *Mit geriebenen Nüssen bestreuen und ca. 25 Min. backen.*
8. *Ausgekühlt in Stücke schneiden und leicht bezuckern.*

Tipp: Variante: Äpfel durch Birnen, Marillen oder Zwetschken ersetzen.

Notizen

Apfelmuffins (12 Stück)

ZUTATEN:

Ein leerer Becher (¼ l) dient als Messbecher!

12 Papierförmchen

2 mittelgroße Äpfel

3 Eiklar

3 Dotter
½ Becher gemahlene Nüsse
1 Becher Weizenvollkornmehl
½ Becher Kristallzucker
1 TL Backpulver
1 Pkg. Vanillezucker
⅓ Becher Öl

1. *Backrohr auf 180 °C Heißluft vorheizen.*
2. *Muffinsblech mit Papierförmchen auslegen.*
3. *Äpfel waschen, entkernen und grob reiben.*
4. *Eier in zwei Rührschüsseln trennen.*
5. *Eiklar zu Schnee schlagen.*
6. *Dotter, Nüsse, Mehl, Zucker, Backpulver, Vanillezucker und Öl vermengen.*
7. *Geriebene Äpfel und Schnee vorsichtig unterheben.*
8. *Masse in die Muffinsformen füllen und ca. 20 Minuten backen (Nadelprobe machen!). Auf einem Kuchengitter auskühlen lassen.*

Tipp: Variante: Weizenvollkornmehl durch Dinkelvollkornmehl ersetzen. Wenn die Masse in einer Kuchenform gebacken wird, erhöht sich die Backzeit auf 45 bis 50 Minuten.

Notizen

Apfelstrudel

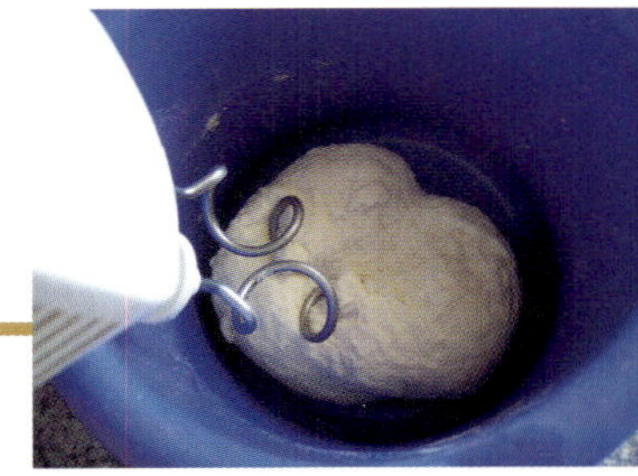

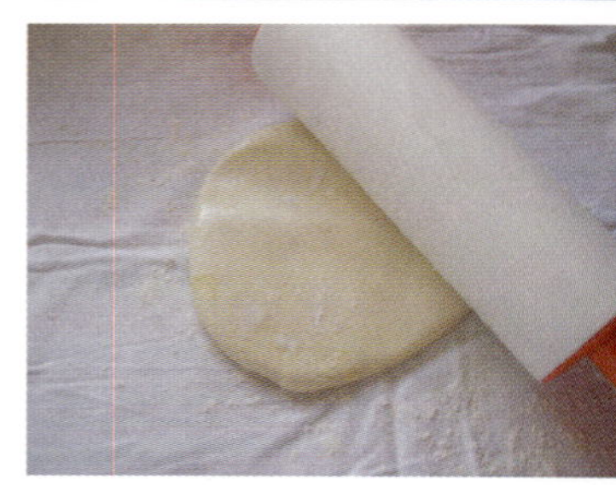

ZUTATEN:

TEIG:

250 g glattes Mehl
½ TL Salz
½ TL Essig
2 EL Öl
gut ⅛ l lauwarmes Wasser
Öl zum Bestreichen

FÜLLE:

80 g Butter
80 g Brösel
1,5 kg Äpfel
3 EL Rosinen
3 EL gehackte Nüsse
Zimt
1 Pkg. Vanillezucker
4 EL Kristallzucker

ZUM BESTREICHEN:

3 EL Öl

Teig:

1. *Mehl, Salz, Essig, Öl und Wasser in eine Rührschüssel geben.*
2. *Mit den Knethaken den Teig so lange kneten, bis ein weicher, seidig glatter Teig entsteht.*
3. *Aus dem Teig mit den Händen eine glatte Kugel formen, mit Öl bestreichen und zugedeckt eine halbe Stunde rasten lassen.*

Fülle:

1. *Butter langsam zerlassen, Brösel darin anrösten und auskühlen lassen.*
2. *Äpfel gut waschen, Kerngehäuse entfernen und nach Möglichkeit mit der Schale blättrig hobeln bzw. schneiden.*
3. *Vorbereitete Äpfel mit Butterbrösel, Zimt, Zucker, Vanillezucker, Nüssen und Rosinen gut vermischen.*

Fertigstellung:

1. *Backrohr auf 170 °C Heißluft vorheizen. Backblech mit Backtrennpapier auslegen.*
2. *Strudeltuch leicht bemehlen und die Teigkugel in die Mitte geben. Teig mit dem Nudelwalker etwas ausrollen und nochmals mit Öl bestreichen.*
3. *Strudelteig dünn ausziehen.*
4. *Drei Viertel des Teiges mit der Fülle belegen, frei bleibende Teigflächen nochmals mit etwas Öl bestreichen. Strudelseiten einschlagen und Fülle mittels Strudeltuch einrollen.*
5. *Strudel mit dem Tuch aufs Blech heben, wobei die Strudelränder auf der Unterseite sein sollten. Nochmals leicht mit Öl bestreichen und bei 170 °C ca. 40 bis 45 Minuten backen.*

Tipp: Die Mühe, einen Strudelteig selbst zu machen, lohnt sich! Den warmen Apfelstrudel mit Vanillesauce servieren.
Wenn es schneller gehen sollte, einen Fertigstrudelteig verwenden.

Apfelwaffeln (5 Stück)

ZUTATEN:

60 g Butter
2 Eier (Größe M)
3 EL Kristallzucker
½ Pkg. Vanillezucker
1 Prise Salz
1 Msp. Zimt
2 EL gemahlene Nüsse
1 Apfel (ca. 100 g)
⅛ l Milch
120 g Mehl (Weizenvollkornmehl)
½ TL Backpulver

ZUM BESTREUEN:

etwas Staubzucker

1. *Butter in einer Rührschüssel flaumig rühren. Eier, Zucker, Vanillezucker, Salz, Zimt und gemahlene Nüsse unterrühren.*
2. *Apfel waschen, aufreiben und dazugeben. Nochmals 1 bis 2 Minuten mixen.*
3. *Mehl und Backpulver vermischen und mit der Milch dazugeben. Alles nochmals gut mixen.*
4. *Waffeleisen auf mittlerer Stufe vorheizen, leicht mit Öl bepinseln und 2–3 Esslöffel von der Masse einfüllen.*
5. *Waffeln ca. 3 bis 4 Minuten backen. Auf einem Kuchengitter überkühlen lassen.*
   Vor dem Servieren mit etwas Staubzucker bestreuen.

Tipp: Die Waffeln schmecken frisch besonders gut zu Obstsalat, Eisdessert, Apfelmus …
Ein beschichtetes Waffeleisen verwenden, damit der Teig nicht kleben bleibt.

Notizen

Beeren-Ölkuchen (1 Blech)

ZUTATEN:

5 Dotter
$\frac{1}{8}$ l Sonnenblumenöl
$\frac{1}{8}$ l Wasser
250 g Kristallzucker
1 Pkg. Vanillezucker

350 g fein gemahlenes Weizenvollkornmehl
1 Pkg. Backpulver
5 Eiklar
1 Prise Salz
250 g Johannisbeeren
250 g Heidelbeeren

ZUM BESTREUEN:

etwas Staubzucker

1. *Backblech mit Backtrennpapier auslegen.*
2. *Beeren waschen und gut abtropfen lassen (Johannisbeeren entstielen).*
3. *Backrohr auf 180 °C Heißluft vorheizen.*
4. *Dotter, Öl, Wasser, Zucker und Vanillezucker sehr schaumig rühren.*
5. *Eiklar mit einer Prise Salz zu festem Schnee schlagen.*
6. *Mehl und Backpulver vermischen und abwechselnd mit dem Schnee unter die Schaummasse heben (nicht mehr mixen!).*
7. *Masse aufs Blech streichen und mit Obst belegen.*
8. *Ca. 30 bis 35 Minuten backen (Nadelprobe machen).*
9. *Ausgekühlt in Stücke schneiden und leicht mit Staubzucker bestreuen.*

Tipp: Heidel- und Johannisbeeren enthalten wertvolle Vitamine und Mineralstoffe. Bei uns werden die Heidelbeeren auch Schwarzbeeren und die Johannisbeeren meist Ribisel genannt. Ersatzweise Tiefkühlbeeren verwenden.

Notizen

Biskuitroulade

ZUTATEN:

6 Eier
180 g Zucker
1 Pkg. Vanillezucker

180 g Weizenvollkornmehl
1 Msp. Backpulver

Backtrennpapier

150 g passierte Marillenmarmelade
etwas Staubzucker

1. *Blech mit Backtrennpapier auslegen. Backrohr auf 200 °C Heißluft vorheizen.*
2. *Eier, Zucker und Vanillezucker in einer Rührschüssel ca. 10 Minuten lang dickschaumig rühren.*
3. *Mehl mit Backpulver vermischen und mit dem Kochlöffel unter die Eier-Zucker-Masse heben.*
4. *Biskuitmasse aufs Backtrennpapier streichen und ca. 10 bis 12 Min. backen.*
5. *Roulade auf ein sauberes, bezuckertes Geschirrtuch stürzen und Backtrennpapier abziehen.*
6. *Sofort mit Marmelade bestreichen und mit Hilfe des Geschirrtuches einrollen.*
7. *Auf einem Kuchengitter auskühlen lassen.*

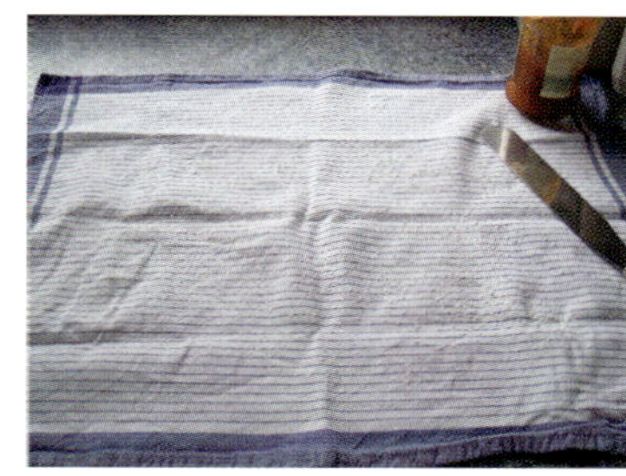

Tipp: Die Zutaten genau auswiegen!
Marmelade vor dem Füllen passieren und etwas erwärmen.
Wenn die Roulade mit geschlagenem Obers und Früchten gefüllt wird: Roulade ungefüllt einrollen, auskühlen lassen, vorsichtig aufrollen, füllen, erneut wieder einrollen und kalt stellen.

Notizen

Biskuit-Schmetterlinge (4–6 Stück)

ZUTATEN:

BISKUITTEIG:

5 Eier
2 EL Wasser
150 g Staubzucker
½ Pkg. Vanillezucker
150 g Vollkornmehl
2 EL Nüsse, gemahlen
1 Msp. Backpulver

ZUM BELEGEN:

4 EL Erdbeermarmelade
250 g Erdbeeren
1 Kiwi
evtl. noch einige
Kompottfrüchte
wie Ananas oder Pfirsich

¼ l Schlagobers
Schokoladestäbchen

1. *Backblech mit Backtrennpapier auslegen. Backrohr auf 180 °C Heißluft vorheizen.*
2. *Ganze Eier mit Wasser, Zucker, Vanillezucker mindestens 10 Min. schaumig rühren.*
3. *Mehl, Backpulver und Nüsse mischen, über die Schaummasse sieben und locker unterheben.*
4. *Masse aufs Blech streichen und ca. 12 Min. backen.*
5. *Aus der überkühlten Masse je nach Größe 4 bis 6 Kreise ausstechen, mit Marmelade bestreichen, halbieren und mit der Schnittfläche nach außen auf den Teller legen.*
6. *Kiwi schälen, Erdbeeren waschen, gut abtropfen lassen und Obst in Scheiben schneiden.*
7. *Schlagobers schlagen und in einen Dressiersack füllen.*
8. *Biskuithälften mit Obst belegen, Ränder mit Schlagobers garnieren und Schokoladestäbchen als Fühler aufsetzen.*

Tipp: Für Muttertag oder Geburtstag ein Herz ausschneiden und dekorieren.
Je nach Saison mit verschiedenen Früchten belegen.
Großer Schmetterling: Eine Biskuittorte backen, beliebig füllen, halbieren, mit Obst belegen und mit Tortengelee (laut Anweisung auf der Packung) überziehen.

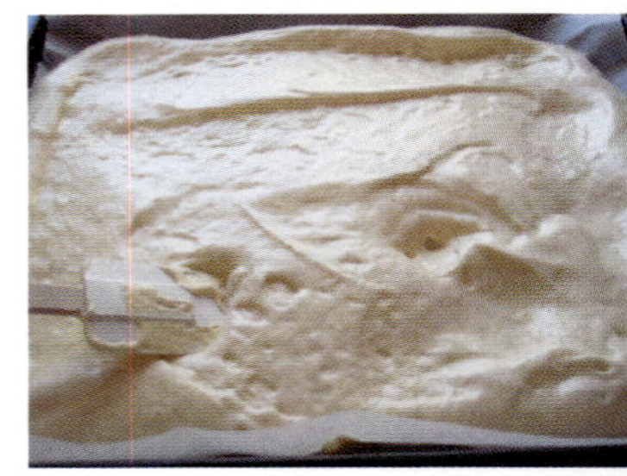

Buchteln (für 6 Personen)

ZUTATEN:

500 g Weizenmehl
(Weizenvollkornmehl)
1 Msp. Salz
1 Würfel Germ

60 g Butter
knapp $^{1}/_{4}$ l Milch
3 EL Kristallzucker
1 Pkg. Vanillezucker
(1 Msp. geriebene Zitronenschale)
2 Eier

150 g Marillenmarmelade
(Powidlmarmelade)

ZUM BESTREICHEN:

2 EL Butter

1. Mehl und Salz in eine Rührschüssel geben und Germ klein hineinbröckeln.

2. Butter in einer kleinen Kasserolle erwärmen und von der Herdplatte nehmen. Milch, Kristall- und Vanillezucker sowie Eier dazugeben.
Alles gut mit einer Schneerute vermischen und die lauwarme Flüssigkeit zum Mehl gießen.

3. Mit einem Holzkochlöffel vermengen und den Germteig gut abschlagen, bis er seidig glatt ist und sich vom Gefäßrand löst.

4. Teig bemehlen und an einem warmen Ort (Herdnähe, Wasserbad) zugedeckt ca. 20 Min. gehen lassen (bis er sich verdoppelt hat).

5. Butter zerlassen und eine Auflaufform befetten.

6. Aufgegangenen Teig nochmals kurz durchkneten und in Stücke teilen (oder mit einem Esslöffel Teigportionen aus der Masse herausstechen).

7. Teigstücke flach drücken, mit Marmelade füllen und „päckchenartig" schließen. Mit der Teignaht nach unten in die Auflaufform setzen und seitlich mit Butter bestreichen.

8. Backrohr auf 170°C Heißluft vorheizen.

9. Buchteln nochmals kurz gehen lassen und mit zerlassener Butter bestreichen.

10. Ca. 35 Min. backen (evt. nach 20 Min. abdecken).

Tipp: Buchteln mit warmer Vanillesauce servieren.
Den Teig in einer Muffinsblechform backen, dann verkürzt sich die Backzeit fast um die Hälfte.

Notizen

Buchweizenwaffeln (12 Stück)

ZUTATEN:

60 g Butter
50 g Zucker
½ Pkg. Vanillezucker
2 Eier
60 g Weizenvollkornmehl
60 g Buchweizenmehl
½ Pkg. Backpulver
gut 100 ml Mineralwasser

FÜR DAS WAFFELEISEN:

etwas Öl

1. *Butter mit dem Mixer flaumig rühren, Zucker und Vanillezucker dazugeben.*
2. *Ganze Eier nacheinander unterrühren und schaumig schlagen.*
3. *Beide Mehlsorten und Backpulver auf die Masse sieben, Mineralwasser dazugießen und alles kurz mixen.*
4. *Waffeleisen vorheizen und mit etwas Öl bepinseln.*
5. *Ca. zwei bis drei Esslöffel Teig einfüllen, Waffeleisen schließen und 3 bis 4 Minuten backen.*
6. *Fertige Waffeln auf ein Kuchengitter legen, auskühlen lassen und zerteilen.*

Tipp: Waffeln schmecken besonders gut zu Eis mit frischen Früchten oder zu Cremedesserts.

Notizen

Falsche Spiegeleier (8 Stück)

ZUTATEN:

BISKUITTEIG:

5 Eier
150 g Staubzucker
1 Pkg. Vanillezucker
1 EL Wasser

150 g Mehl
(Weizenvollkornmehl)
1 Msp. Backpulver

BELAG:

4 EL Marillenmarmelade
8 Pfirsichhälften
¼ l Schlagobers
1 EL gemahlene Nüsse

1. *Backblech mit Backtrennpapier auslegen. Backrohr auf 180 °C Heißluft vorheizen.*
2. *Ganze Eier mit Zucker, Vanillezucker und Wasser sehr schaumig rühren (ca. 10 Minuten).*
3. *Mehl und Backpulver vermischen, auf die Schaummasse sieben und mit einem Kochlöffel locker unterheben.*
4. *Biskuitmasse 1 cm dick auf das Backtrennpapier streichen und ca. 10 Min. backen.*
5. *Biskuitmasse auskühlen lassen, Kreise (etwas größer als die Pfirsichhälften) ausstechen.*
6. *Biskuitscheiben dünn mit Marmelade bestreichen und Pfirsichhälften in die Mitte setzen.*
7. *Schlagobers schlagen, in einen Dressiersack (mit glatter Tülle) füllen und rund um die Pfirsichhälften spritzen.*
8. *Mit gemahlenen Nüssen bestreuen (= Pfeffer).*

Tipp: Die Biskuitscheiben können auch mit Marillenhälften belegt werden.
Aus den Biskuitresten mit Keksausstechern verschiedene Formen ausstechen.

Notizen

Fruchtige Brandteigkrapferl

ZUTATEN:

BRANDTEIG (für 12 Stück):

$\frac{1}{8}$ l Wasser
50 g Butter
Salz

120 g glattes Mehl
3 mittelgroße Eier

FÜLLE:

$\frac{1}{4}$ l Schlagobers
1 Pkg. Sahnesteif
1 Pkg. Vanillezucker

500 g Früchte der Saison (z. B. Erdbeeren, Kiwi, Pfirsich ...)

1. Wasser, Butter und Salz in einem kleinen Kochtopf zum Kochen bringen. Mehl hinzufügen und so lange rühren, bis sich ein Ballen bildet, der sich vom Topfboden löst.

2. Teig in eine Rührschüssel umfüllen und handwarm überkühlen lassen.

3. Ganze Eier gut versprudeln und löffelweise mit dem Mixer nach und nach unterrühren.

4. Backblech mit Backtrennpapier auslegen. Backrohr auf 200 °C Heißluft vorheizen.

5. Teig in einen Spritzsack mit großer, gezackter Tülle einfüllen und 12 Krapferln aufs Backblech dressieren.

6. Im vorgeheizten Rohr ca. 30 Minuten backen. Nach etwa der Hälfte der Backzeit auf 180 °C zurückschalten. (Backrohrtür während des Backens nicht öffnen!).

7. Früchte waschen, gut abtropfen lassen bzw. schälen und in Scheiben schneiden.

8. Schlagobers mit Sahnesteif laut Packungsaufschrift steif schlagen, Vanillezucker untermischen und in einen Dressiersack mit großer, gezackter Tülle einfüllen.

9. Ausgekühlte Brandteigkrapferln halbieren, Unterteile mit Obers füllen, geschnittene Früchte (z. B. Erdbeeren) auflegen, Oberteil wieder aufsetzen und gleich servieren.

Tipp:
Alternativ zu Schlagobers können die Brandteigkrapferln mit Vanillecreme oder Eis gefüllt werden.

Germteig-Osterhasen (6 Stück)

ZUTATEN:

500 g Mehl
1 Msp. Salz
1 Würfel Germ

60 g Butter
knapp ¼ l Milch
4 EL Kristallzucker
1 Pkg. Vanillezucker
2 kleine Eier

12 große Rosinen
1 Ei zum Bestreichen

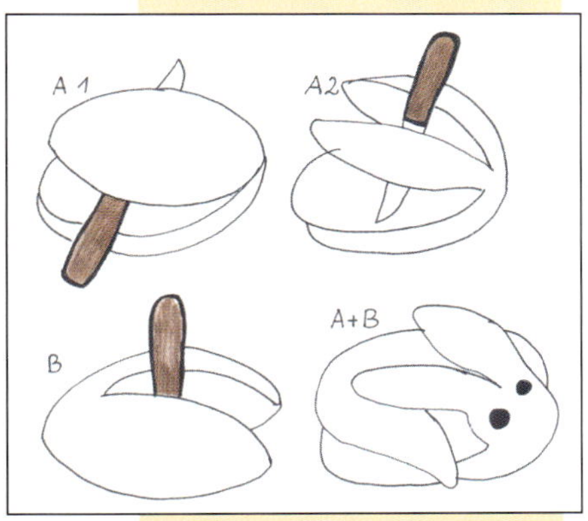

1. *Mehl und Salz in eine Rührschüssel geben und Germ klein hineinbröckeln.*

2. *Butter in einer kleinen Kasserolle erwärmen und von der Herdplatte nehmen. Milch, Kristall- und Vanillezucker sowie Eier dazugeben. Alles gut mit einer Schneerute vermischen und die lauwarme Flüssigkeit zum Mehl gießen.*

3. *Mit einem Holzkochlöffel vermengen und den Germteig gut abschlagen, bis er seidig glatt ist und sich vom Gefäßrand löst.*
4. *Teig bemehlen und an einem warmen Ort zugedeckt ca. 20 Min. gehen lassen (bis er sich verdoppelt hat).*

5. *Teig in 12 gleich große Stücke teilen.*
6. *Teigstücke eiförmig formen. Sechs Stück gemäß Abbildung A1 und A2 einschneiden (= Unterteil mit Gesicht und Ohren). Die restlichen sechs Teigstücke laut Abbildung B einschneiden.*
   Je zwei verschiedene Stücke gemäß Abbildung A und B zusammensetzen.
7. *Hasen auf ein mit Backtrennpapier ausgelegtes Blech setzen und vor dem Backen nochmals ca. 10 Min. gehen lassen.*

8. *Backrohr auf 170 °C Heißluft vorheizen.*
9. *Hasen mit verquirltem Ei bestreichen und Rosinen als Augen in die Köpfe drücken.*
10. *Ca. 15 Min. backen und auf einem Gitter auskühlen lassen.*

Tipp: Die Häfte des Mehls durch Vollkornmehl ersetzen.

Geschenksherzen aus Lebkuchen (12–14 Stück)

ZUTATEN:

TEIG:

150 g Roggenmehl
150 g Weizenmehl
150 g Staubzucker
1 Pkg. Vanillezucker
1 TL Natron
½ Pkg. Lebkuchengewürz
80 g flüssiger Honig
2 Eier

ZUM BESTREICHEN:

1 kleines Ei

GLASUR:

½ Eiklar, ganz frisch
100–150 g Staubzucker

DEKORATION:

je nach Anlass kandierte Kirschen, Zuckerherzen/-perlen...

1. *Backblech mit Backtrennpapier auslegen. Backrohr auf 200 °C Heißluft vorheizen.*
2. *Alle Zutaten vom Teig der Reihe nach in eine Rührschüssel geben und mit einem Kochlöffel gut vermengen.*
3. *Masse auf ein Nudelbrett geben und rasch zusammenkneten.*
4. *Nudelbrett gut mit Mehl bestreuen, Teig nicht dünner als ½ cm ausrollen (mit Hilfe von Backtrennpapier – damit der Teig nicht klebt!), Herzen ausstechen oder ausschneiden.*
5. *Herzen mit verquirltem Ei bestreichen, ca. 7 bis 8 Min. backen und auf einem Gitter auskühlen lassen.*
6. *Eiklar gut verrühren. Staubzucker löffelweise hineinsieben und gut vermischen, bis die Glasur dickflüssig ist.*
7. *Glasur in ein Tiefkühlsäckchen füllen, ein kleines Loch in eine Ecke schneiden und die Herzen verzieren.*

Tipp: Eine liebe Idee für Muttertag – die sich gut vorbereiten lässt.
Den Teig vor dem Backen mit halbierten Mandeln oder kandierten Kirschen belegen.

Glücksbringer (8 Stück)

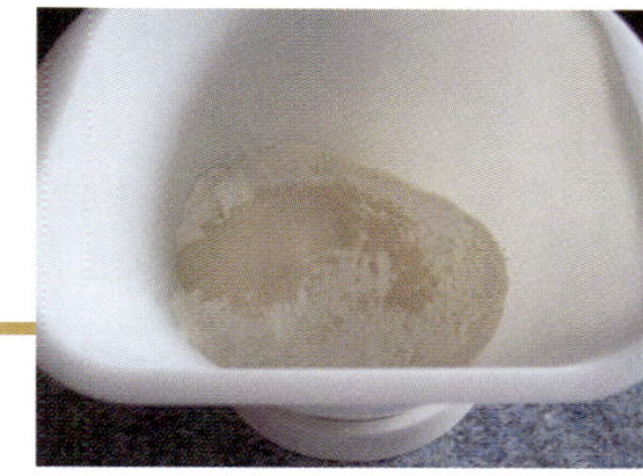

ZUTATEN:

500 g Mehl
1 Msp. Salz
1 Pkg. Trockengerm

50 g Butter
knapp ¼ l Milch
3 EL Kristallzucker
1 Pkg. Vanillezucker
2 Eier

FÜLLE:

1/16 l Milch
100 g Nüsse, gerieben
1 EL Brösel
2 EL Zucker
1 Pkg. Vanillezucker
2 EL Rosinen
Zitronenschale

ZUM BESRTEICHEN:

1 versprudeltes Ei

ZUM BELEGEN:

16 Rosinen

1. *Mehl und Salz in eine Rührschüssel geben und Trockengerm dazugeben.*
2. *Butter in einer kleinen Kasserolle erwärmen und von der Herdplatte nehmen. Milch, Kristall- und Vanillezucker sowie Eier dazugeben. Alles gut mit einer Schneerute vermischen und die lauwarme Flüssigkeit zum Mehl gießen.*

3. *Mit einem Holzkochlöffel vermengen und den Germteig gut abschlagen, bis er seidig glatt ist und sich vom Gefäßrand löst.*
4. *Teig bemehlen und an einem warmen Ort (Herdnähe, Wasserbad) zugedeckt ca. 20 Min. gehen lassen (bis er sich verdoppelt hat).*

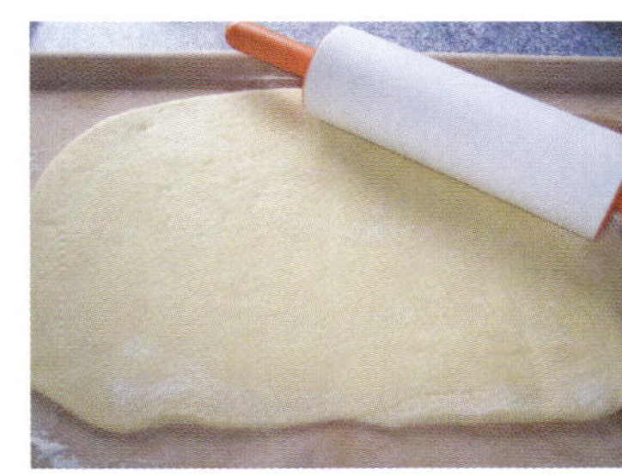

5. *Für die Fülle Milch heiß machen und mit den anderen Zutaten gut vermischen.*
6. *Teig etwa 5 mm dick ausrollen. 16 Scheiben mit etwa 10 cm und 8 Scheiben mit 5 cm Durchmesser ausstechen. Aus den kleinen Teigscheiben mit einer Spritzsacktülle oder dem Apfelentkerner die Nasenlöcher ausstechen. Aus den Teigresten Ohren formen.*

7. *Fülle auf die großen Teigscheiben verteilen. Teigränder mit Ei bestreichen. Mit der zweiten Teigscheibe abdecken. Mit Ei bestreichen, Nase und Ohren auflegen und Rosinen als Augen eindrücken.*

8. *Backrohr auf 170 °C Heißluft vorheizen.*
9. *Glückschweinchen bestreichen und nochmals ca. 15 Min. gehen lassen.*
10. *Ca. 20 bis 25 Min. backen. Auf einem Gitter auskühlen lassen.*

Tipp: Eine nette Idee für Silvester oder Fasching.

Haselnuss-Becherkuchen

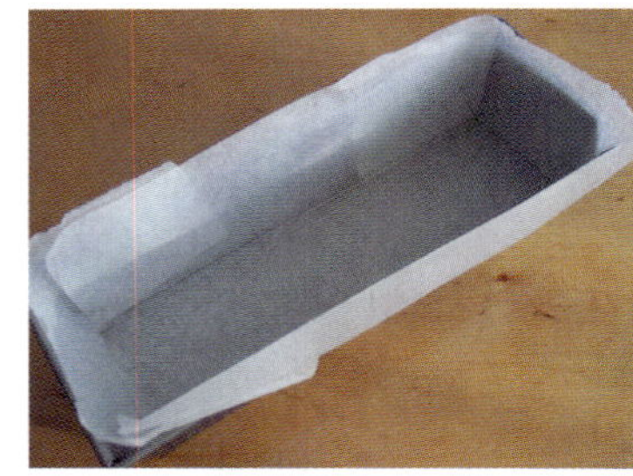

ZUTATEN:

Der Sauerrahm-Becher dient als Maß.

1 Becher Sauerrahm

½ Becher Zucker
1 Becher geriebene Haselnüsse
1¼ Becher Mehl (Vollkornmehl)
1 Pkg. Backpulver
4 Eier
⅓ Becher Öl

Backtrennpapier

1. *Kastenform mit Backtrennpapier auslegen. Backrohr auf 170 °C Heißluft vorheizen.*
2. *Sauerrahm in eine Rührschüssel geben. Becher auswaschen, austrocknen und als Messbecher verwenden.*
3. *Alle anderen Zutaten der Reihe nach dazugeben und mit dem Kochlöffel zu einem glatten Teig verrühren.*
4. *Masse in die Kastenform einfüllen und ca. 50 Minuten backen. (Nadelprobe machen!)*
5. *Auf ein Kuchengitter stürzen und auskühlen lassen.*

Tipp: Wenn die Masse in Muffinsformen gebacken wird, verkürzt sich die Backzeit auf 15 bis 20 Min. (ergibt 18 Stück).
Den Kuchen mit Schokoladeglasur überziehen: Nach dem Auskühlen dünn mit Marmelade bestreichen.
1 Becher Schokoladeglasur im Wasserbad laut Anleitung erwärmen und den Becherkuchen damit glasieren.

Notizen

Heidelbeer-Muffins (12 Stück)

ZUTATEN:

Ein leerer Joghurtbecher ($\frac{1}{4}$ l) dient als Maß!

$1\frac{1}{2}$ Becher Vollkornmehl
1 Pkg. Backpulver
1 Prise Salz
Schale von $\frac{1}{2}$ Zitrone (unbehandelt)
gut $\frac{1}{2}$ Becher Kristallzucker
1 Pkg. Vanillezucker
$\frac{3}{4}$ Becher Sauerrahm
$\frac{1}{4}$ Becher Öl (= $\frac{1}{16}$ l)
2 Eier

10 dag Heidelbeeren

1. *Backrohr auf 180 °C Heißluft vorheizen. Muffinsbackblech mit Papierbackförmchen auslegen.*
2. *Zitrone heiß abwaschen, abtrocknen und Schale abreiben.*
3. *Frische Heidelbeeren waschen und in einem Sieb abtropfen lassen.*
4. *In einer Rührschüssel Mehl, Backpulver und Salz gut vermischen.*
5. *Alle anderen Zutaten außer Heidelbeeren dazugeben und mit einem Kochlöffel gut vermengen.*
6. *Frische (oder Tiefkühl-) Heidelbeeren locker untermischen.*
7. *Teigmasse einfüllen und ca. 25 Min. backen.*
8. *Nach dem Backen 5 Min. in der Form überkühlen, herausnehmen und auf einem Gitter auskühlen lassen.*

Tipp: Ohne Muffinsbackform: den Teig in zwei bis drei ineinander gestellte Papierbackförmchen füllen und auf ein Backblech stellen.

Schokolade-Muffins (12 Stück)

ZUTATEN:

Zutaten wie oben.

Heidelbeeren durch Schokolade ersetzen.

Gleiche Zubereitung wie oben.

Schokolade grob hacken und zum Schluss untermengen.

Zucker kann um ein Drittel reduziert werden!

Joghurt-Mohn-Muffins (12 Stück)

ZUTATEN:

Der Joghurt-Becher dient als Maß.

1 Becher Naturjoghurt

1/3 Becher Staubzucker
1 Pkg. Vanillezucker
3/4 Becher Weizenmehl (oder Weizenvollkornmehl)
1/2 Pkg. Backpulver
1 1/2 Becher Mohn (gemahlen)
2 Eier
1/4 Becher Öl

ZUM BACKEN:

12 Papierförmchen
1 Muffinsblech

1. *Backrohr auf 180 °C Heißluft vorheizen.*
2. *Muffinsblech mit Papierförmchen auslegen.*
3. *Joghurt in eine Rührschüssel geben. Den leeren Becher auswaschen, austrocknen und als Messbecher verwenden.*
4. *Alle Zutaten der Reihe nach zum Joghurt geben und mit einem Kochlöffel gut vermischen.*
5. *Masse in die Formen einfüllen und ca. 20 Minuten backen. (Nadelprobe!)*
6. *Nach dem Backen noch etwa 10 Minuten in der Form überkühlen lassen.*

Tipp: Ein einfaches und schnelles Rezept. Man braucht weder eine Küchenwaage noch einen Mixer dazu. Die Joghurt-Mohn-Masse kann auch in einer Gugelhupf- oder Wannenform gebacken werden – dann erhöht sich die Backzeit auf 40 bis 45 Minuten.

Notizen

Kakaomuffins (12 Stück)

ZUTATEN:

1 Becher Naturjoghurt
¾ Becher Mehl
¾ Becher Instant-Kakao
¾ Becher geriebene Haselnüsse
⅓ Becher Zucker
½ Pkg. Backpulver
½ Pkg. Vanillezucker
2 Eier
2 EL Öl

1. *Muffinsblech mit Papierförmchen auslegen. Backrohr auf 170 °C Heißluft vorheizen.*
2. *Joghurt in eine Rührschüssel geben. Becher auswaschen, austrocknen und als Messbecher verwenden.*

3. *Alle anderen Zutaten der Reihe nach dazugeben und mit dem Kochlöffel zu einem glatten Teig verrühren.*
4. *Masse einfüllen und ca. 20 bis 25 Min. backen. (Nadelprobe machen!)*

Mandelmuffins (12 Stück)

ZUTATEN:

1 Becher Naturjoghurt
⅓ Becher Zucker
¾ Becher ger. Mandeln
1 Becher Mehl
½ Pkg. Backpulver
½ Pkg. Vanillezucker
3 Eier
2 EL Öl

ZUM BESTREUEN:

3 EL Mandelstifte

1. *Muffinsblech mit Papierförmchen auslegen. Backrohr auf 170 °C Heißluft vorheizen.*
2. *Joghurt in eine Rührschüssel geben. Becher auswaschen, austrocknen und als Messbecher verwenden.*

3. *Alle anderen Zutaten der Reihe nach dazugeben und mit dem Kochlöffel zu einem glatten Teig verrühren.*
4. *Masse einfüllen, mit Mandelstiften bestreuen und ca. 20 bis 25 Min. backen. (Nadelprobe machen!)*

Karotten-Apfel-Muffins (12 Stück)

ZUTATEN:

Ein leerer Joghurt- oder Sauerrahmbecher (= ¼ l) dient als Maß!

1¼ Becher Dinkelvollkornmehl
⅓ Becher Zucker
½ TL Zimt
½ Pkg. Backpulver
1 Pkg. Vanillezucker
3 EL Kokosette
1 Prise Salz

1 mittelgroßer Apfel
1 mittelgroße Karotte

¼ Becher Sonnenblumenöl
2 Eier

12 Papierförmchen

1. *Muffinsform mit Papierförmchen auslegen (oder gut befetten und bemehlen).*
2. *Backrohr auf 180 °C Heißluft vorheizen.*
3. *Alle trockenen Zutaten (von Mehl bis Salz) in einer Rührschüssel mit dem Kochlöffel vermischen.*
4. *Apfel und Karotte waschen und abtrocknen. Mit dem Reibeisen raspeln und zu den trockenen Zutaten geben.*
5. *Öl und Eier dazugeben und rasch mit dem Kochlöffel vermischen. (Nicht zu lange rühren!)*
6. *Masse einfüllen und etwa 15 bis 20 Min. backen.*
7. *Nach dem Backen noch etwa 5 Min. in der Form überkühlen lassen.*
8. *Auf einem Gitter vollständig auskühlen lassen.*

Tipp: Für dieses Rezept braucht man weder eine Küchenwaage noch einen Mixer. Anstelle von Dinkelvollkornmehl kann auch Weizenvollkornmehl genommen werden.
Ohne Muffinsbackform: den Teig in zwei bis drei ineinander gestellte Papierbackförmchen füllen und auf ein Backblech stellen.

Notizen

Kokos-Becherkuchen

ZUTATEN:

Der Sauerrahm-Becher dient als Maß.

1 Becher Sauerrahm
1 Becher Mehl
1 Becher Instant-Kakao
⅓ Becher Zucker
1 Becher Kokosette
1 Pkg. Backpulver
1 Pkg. Vanillezucker
3 Eier
½ Becher Öl

Backtrennpapier
(4 EL Marmelade
1 Becher Schokoladeglasur)

1. *Kastenform mit Backtrennpapier auslegen.*
2. *Backrohr auf 170 °C Heißluft vorheizen.*
3. *Sauerrahm in eine Rührschüssel geben. Becher auswaschen, austrocknen und alle Zutaten der Reihe nach dazugeben. Mit dem Kochlöffel zu einem glatten Teig verrühren.*
4. *Masse in die Kastenform füllen und ca. 50 Minuten backen. (Nadelprobe machen!)*
5. *Auf ein Kuchengitter stürzen und auskühlen lassen.*
6. *Ausgekühlten Kuchen eventuell noch mit passierter Marmelade bestreichen, mit Schokoladeglasur überziehen und mit Kokosette bestreuen.*

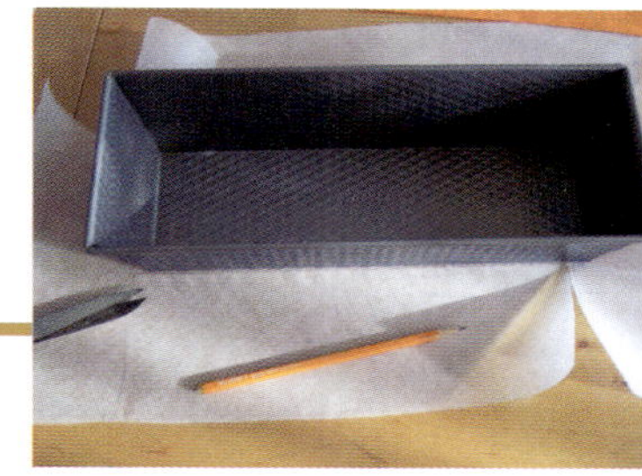

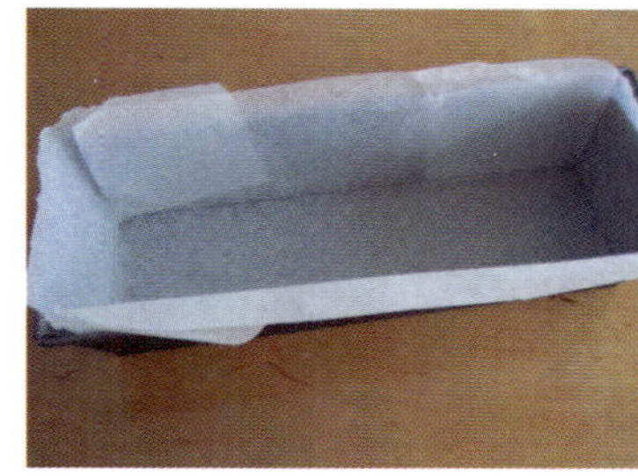

Kokos-Bechermuffins

Die Masse in Muffinsformen backen.
Der Teig reicht für etwa 18 Stück. Die Backzeit verkürzt sich auf 20–25 Min.

Marillenkuchen (1 Blech)

ZUTATEN:

150 g Butter (Margarine)
5 Dotter
150 g Zucker
1 Pkg. Vanillezucker
½ unbehandelte Zitrone

200 g Dinkelmehl
100 g feine Haferflocken
1 TL Backpulver
2 EL Naturjoghurt

5 Eiklar
1 Prise Salz

ca. 1 kg Marillen

1. Marillen gründlich waschen, gut abtropfen lassen, halbieren und Stein entfernen.

2. Butter flaumig rühren.

3. Eier trennen. Dotter zur Butter und Eiklar in eine zweite Rührschüssel geben.

4. Butter mit Dotter, Zucker und Vanillezucker schaumig rühren (= Abtrieb). Zitronensaft und abgeriebene Zitronenschale dazugeben.

5. Backrohr auf 180 °C Heißluft vorheizen. Backblech mit Backtrennpapier auslegen.

6. Eiklar mit einer Prise Salz zu festem Schnee schlagen.

7. Mehl, Haferflocken und Backpulver vermischen.

8. Mehlgemisch, Joghurt und Schnee unter den Abtrieb mischen. Masse aufs Blech streichen und mit den halbierten Früchten belegen.

9. Ca. 25 bis 30 Min. backen.

Tipp: Den Kuchen vor dem Backen noch mit Mandelblättchen bestreuen. In den Wintermonaten Tiefkühl- oder Kompottmarillen verwenden.
Marillen werden wegen ihrer wertvollen Inhaltsstoffe auch „Karotten des Obstgartens“ genannt.

Notizen

Marmeladetascherl **(15 Stück)**

ZUTATEN:

250 g Weizenmehl
(davon ca. 150 g Vollkornmehl)
1 Prise Salz
150 g Butter

2 EL Wasser
250 g Magertopfen

ZUM BESTREICHEN:

1 Ei

ZUM FÜLLEN:

150 g Marmelade
(Marillen- oder Erdbeermarmelade)

1. *Mehl auf ein Nudelbrett sieben, salzen, kalte Butter ins Mehl einschneiden und klein zerhacken oder mit den Händen rasch abbröseln.*
2. *In der Mitte eine Grube machen, Wasser und Topfen dazugeben.*
3. *Rasch zu einem gleichmäßigen Teig zusammenkneten.*
4. *Teig mit Folie abdecken und 20 Min. kalt rasten lassen.*
5. *Backblech mit Backtrennpapier auslegen. Backrohr auf 180 °C Heißluft vorheizen.*
6. *Teig messerrückendick ausrollen und Quadrate von 10 x 10 cm ausradeln.*
7. *In der Mitte mit Marmelade füllen, die Ränder mit verquirltem Ei bestreichen und zu Dreiecken zusammenklappen. Enden gut festdrücken und nochmals mit Ei bestreichen.*
8. *Ca. 12 bis 15 Min. backen. Auf einem Gitter auskühlen lassen. Leicht mit Staubzucker bestreuen.*

Tipp: Variante: Den Teig mit frischen Früchten füllen (z. B. Erdbeertascherl).

Notizen

Marmorgugelhupf

ZUTATEN:

100 g weiche Butter
3 Dotter
100 g Staubzucker
1 Pkg. Vanillezucker
¼ Zitrone, unbehandelt

⅛ l Milch
250 g Weizenmehl (Weizenvollmehl)
½ Pkg. Backpulver
3 Eiklar
2 EL Kakaopulver
2 EL Milch

ZUM BEFETTEN:

1 EL Butter
1 EL Mehl

1. *Backblech mit Gugelhupfvertiefungen (oder eine große Gugelhupfform) befetten und bemehlen.*
2. *Eier in zwei Rührschüsseln trennen.*
3. *Eiklar mit einer Prise Salz zu festem Schnee schlagen.*
4. *Dotter mit weicher Butter, Staubzucker, Vanillezucker und abgeriebene Zitronenschale schaumig rühren.*
5. *Etwas mehr als die Hälfte des Mehles mit der Milch unterrühren.*
6. *Restliches Mehl mit dem Backpulver gut vermischen und mit dem Schnee vorsichtig unterheben. (Nicht mehr mit dem Mixer rühren, sonst fällt die Masse zusammen und geht beim Backen nicht mehr richtig auf!)*
7. *Backrohr auf 180 °C Heißluft vorheizen.*

8. *Masse in zwei Teile teilen. Kakaopulver mit Milch vermischen und unter eine Hälfte rühren.*
9. *Dunkle Masse zuerst in die Gugelhupfformen geben und mit der weißen Masse abschließen.*
10. *Mit Hilfe einer Gabel oder eines großen Holzspießes die Massen vermischen.*
11. *Ca. 25 bis 30 Min. backen und auf einem Gitter auskühlen lassen.*

Tipp: Die Backzeit für einen großen Gugelhupf beträgt 45 bis 50 Minuten. (Nadelprobe machen!)

Notizen

Müslischeiben (1 Blech)

ZUTATEN:

250 g Früchtemüsli
60 g Butter
1 kleines Ei
1 Dotter
3 EL Kristallzucker
½ Pkg. Vanillezucker
½ TL Backpulver
3 EL geriebene Nüsse (Walnüsse)

1. *Butter in einer Kasserolle erwärmen und die Müslimischung darin anrösten. Masse überkühlen lassen.*
2. *Alle Zutaten in einer Rührschüssel gut vermischen.*
3. *Backblech mit Backtrennpapier auslegen. Backrohr auf 180 °C Heißluft vorheizen.*
4. *Einen kleinen, runden Kreisausstecher (4 bis 5 cm Durchmesser) auf das Blech legen, einen gehäuften Kaffeelöffel Müslimasse einfüllen, gleichmäßig verteilen und fest niederdrücken.*

5. *Ausstecher abheben und weitere Scheiben auf das Blech setzen.*
6. *Ca. 10 Min. backen. Auf einem Gitter auskühlen lassen.*

Müslischnitten (1 Blech)

Die Masse auf ein mit Backtrennpapier ausgelegtes Blech streichen – mit dem Nudelwalker niederdrücken – ca. 15 Min. backen und noch heiß in Schnitten teilen.

Tipp: Wenn die Müslimischung gezuckert ist, den Zucker weglassen.
Besonders „Süße“ können die Müslikekse noch in Schokolade tunken.

Nussschnecken (12 Stück)

ZUTATEN:

TEIG:

250 g Magertopfen
6 EL Milch
5 EL Öl
3 EL Zucker
1 Ei
Salz
1 Pkg. Backpulver
300 g Weizenvollmehl

FÜLLE:

150 g Marmelade (Marillenmarmelade)
150 g Haselnüsse oder Mandeln
4 EL Rosinen
1 Pkg. Vanillezucker
Zimt

ZUM BESTREICHEN:

1 Dotter

1. *Topfen, Milch, Öl, Zucker, Ei und Salz in einer Rührschüssel glatt rühren.*
2. *Mehl mit Backpulver vermengen, dazugeben und zu einem Teig verkneten (mit den Knethaken des Mixers oder mit der Küchenmaschine).*
3. *Backrohr auf 180 °C Heißluft vorheizen. Backblech mit Backtrennpapier auslegen.*
4. *Nüsse oder Mandeln grob hacken.*
5. *Rosinen in einem Sieb waschen und gut abtropfen lassen.*
6. *Teig auf einem bemehlten Nudelbrett in Backblechgröße auswalken.*
7. *Teig mit Marmelade bestreichen. Mit Nüssen, Rosinen, Zimt sowie Vanillezucker bestreuen und von der Schmalseite her eng aufrollen.*
8. *Teig in ca. 3 cm dicke Scheiben schneiden, aufs Blech legen und etwas flach drücken.*
9. *Dotter verquirlen und die Schnecken damit bestreichen.*
10. *Ca. 20 bis 25 Min. backen.*

Tipp: Die Zutaten der Fülle können nach persönlichen Vorlieben abgeändert werden.
Der Topfen-Öl-Teig schmeckt sowohl süß als auch pikant gefüllt.

Obstgeleetorte

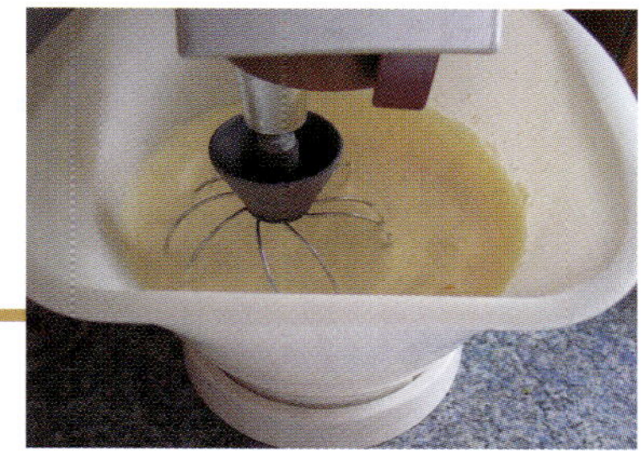

ZUTATEN:

3 Eier
90 g Zucker
1 Pkg. Vanillezucker
90 g Vollkornmehl
1 Msp. Backpulver

100 g Marmelade

OBST NACH SAISON ZUM BELEGEN, z. B.:

2 Bananen
100 g Erdbeeren
100 g Himbeeren
50 g Heidelbeeren
1 Pfirsich
1 Kiwi
(ersatzweise Kompottfrüchte)

1 Pkg. Tortengelee, klar
$\frac{1}{8}$ l Wasser
$\frac{1}{8}$ l Fruchtsaft

$\frac{1}{8}$ bis $\frac{1}{4}$ l Obers

1. *Tortenform (26 cm Durchmesser) mit Backtrennpapier auslegen oder gut befetten und bemehlen. Backrohr auf 180 °C Heißluft vorheizen.*
2. *Ganze Eier mit Zucker und Vanillezucker ca. 10 Min. dickschaumig schlagen.*

3. *Mehl und Backpulver vermengen und locker unterheben.*
4. *Masse in die Tortenform füllen und ca. 25 bis 30 Min. backen. Auf einem Kuchengitter auskühlen lassen.*

5. *Tortenboden mit Marmelade bestreichen.*
6. *Obst je nach Sorte waschen bzw. schälen und schneiden.*

7. *Torte belegen.*

8. *Tortengelee nach Gebrauchsanweisung zubereiten. Überkühlt zuerst mit einem Pinsel über die Früchte streichen und danach über die Torte gießen.*

9. *Torte kühl stellen und vor dem Servieren mit geschlagenem Schlagobers verzieren.*

Tipp: Den Tortenboden in einer Obsttortenform backen. Früchte nach Saison und Angebot zum Belegen nehmen.

Obstteller mit Brandteigschwan

ZUTATEN:

TEIG (für 6 Schwäne):

$\frac{1}{8}$ l Wasser
50 g Butter
Salz
120 g Mehl, glatt
3 Eier

FÜLLE:

$\frac{1}{4}$ l Schlagobers
1 Pkg. Sahnesteif
1 Pkg. Vanillezucker

250 g Früchte der Saison (z. B. Erdbeeren, Kiwi, Pfirsich ...)

1. Wasser, Butter und Salz in einem kleinen Kochtopf zum Kochen bringen. Mehl hinzufügen und so lange rühren, bis sich ein Ballen bildet, der sich vom Topfboden löst.

2. Teig in eine Rührschüssel umfüllen und handwarm überkühlen lassen.

3. Ganze Eier gut versprudeln und löffelweise mit dem Mixer nach und nach unterrühren.

4. Backblech mit Backtrennpapier auslegen. Backrohr auf 200 °C Heißluft vorheizen.

5. Teig in einen Spritzsack mit gezackter Tülle füllen und 6 Fragezeichen sowie längliche Tupfen auf das Blech dressieren.

6. Im vorgeheizten Rohr ca. 25 Min. backen. Nach etwa der Hälfte der Zeit auf 180 °C zurückschalten. (Backrohrtür während des Backens nicht öffnen!)

7. Früchte waschen, gut abtropfen lassen bzw. schälen und in Scheiben schneiden.

8. Schlagobers mit Sahnesteif laut Packungsaufschrift steif schlagen, Vanillezucker untermischen und in einen Dressiersack mit gezackter Tülle füllen.

9. Ausgekühlte Brandteigkrapferln halbieren, Oberteile nochmals der Länge nach halbieren.

10. Unterteile mit Obers füllen, Flügel und Köpfe aufsetzen.

11. Teller mit Obst beliebig belegen, die Schwäne in die Mitte setzen und servieren.

Tipp: Dieses Brandteiggebäck, süß oder pikant gefüllt, eignet sich gut als Buffetdekoration.

Obsttörtchen (6 Stück)

ZUTATEN:

3 Eier
90 g Zucker
½ Pkg. Vanillezucker
90 g fein gemahlenes Weizenvollkornmehl
1 Msp. Backpulver

FÜR DIE FORMEN:

1 EL Butter
1 EL Mehl

CREME:

¼ l Schlagobers
120 g Magertopfen
1 EL Honig
½ Pkg. Vanillezucker
1 Prise Zimt

ZUM BELEGEN:

300–400 g Obst

1. Kleine Obsttortenförmchen mit zerlassener Butter fest auspinseln und gut bemehlen. Backrohr auf 180 °C Heißluft vorheizen.

2. Eier, Zucker und Vanillezucker mindestens 10 Min. lang mit dem Mixer dickschaumig rühren.

3. Mehl mit Backpulver vermischen, portionsweise hineinsieben und mit dem Kochlöffel unter die Eier-Zucker-Masse heben.

4. Biskuitmasse gleichmäßig in die Formen einfüllen und ca. 10 bis 12 Min. backen.

5. Für die Creme Obers schlagen. Topfen, Honig, Vanillezucker und Zimt gut verrühren und Obers unterheben.

6. Obst gründlich waschen, gut abtropfen lassen und je nach Sorte schneiden.

7. Ausgekühlte Biskuitböden mit Creme bestreichen, mit Obst belegen und gleich servieren.

Tipp: Wenn man keine Obsttortenformen hat, ein Blechbiskuit backen und Kreise (oder Herzen) ausschneiden. Das Obst mit Tortengelee übergießen und zusätzlich noch mit etwas Schlagobers garnieren.

Notizen

Kärntner Reindling (1 gr. = 6 kl.)

ZUTATEN:

500 g Mehl
1 Msp. Salz
1 Würfel Germ

50 g Butter
knapp ¼ l Milch
3 EL Kristallzucker
1 Pkg. Vanillezucker
2 Eier

FÜLLE:

50 g Butter
100 g Kristallzucker
1 TL Zimt
100 g Rosinen
eventuell
100 g gehackte Nüsse

FÜR DIE FORM UND ZUM BESTREICHEN:

50 g Butter

1. *Mehl und Salz in eine Rührschüssel geben und Germ hineinbröckeln.*
2. *Butter in einer kleinen Kasserolle erwärmen und von der Herdplatte nehmen. Milch, Kristall- und Vanillezucker sowie Eier dazugeben. Alles gut mit einer Schneerute vermischen und die lauwarme Flüssigkeit zum Mehl gießen.*
3. *Mit einem Holzkochlöffel vermengen und den Germteig gut abschlagen, bis er seidig glatt ist und sich vom Gefäßrand löst.*
4. *Teig bemehlen und an einem warmen Ort (Herdnähe, Wasserbad) zugedeckt ca. 20 Min. gehen lassen (bis er sich verdoppelt hat).*
5. *In der Zwischenzeit sechs kleine Gugelhupfformen (ersatzweise feuerfeste Suppentassen/Keramikformen) befetten sowie Rosinen waschen und gut abtropfen lassen.*
6. *Aufgegangenen Teig auf dem Nudelbrett rechteckig ausrollen, mit zerlassener Butter bestreichen und mit den angegebenen Zutaten der Fülle bestreuen.*
7. *Teig eng einrollen, in sechs Teile schneiden, schneckenförmig in die Form legen und nochmals ca. 10 Min. gehen lassen.*
8. *Backrohr auf 170 °C Heißluft vorheizen. Reindlinge mit zerlassener Butter bestreichen und ca. 20 bis 25 Min. backen.*
9. *Auf einem Kuchengitter auskühlen lassen.*

Tipp: Der Reindling ist eine typische Kärntner Spezialität und wird auch zum Osterschinken gegessen. Wenn man aus der Masse nur einen Reindling bäckt, muss mit 45 bis 50 Minuten Backzeit gerechnet werden.

Advent- und Weihnachtsbäckerei

Es duftet durch das ganze Haus!

Ein kleines Lebkuchenhaus
zu backen hilft,
die lange Zeit des
ungeduldigen Wartens
auf das Christkind zu
überbrücken.

Blechlebkuchen (1 Blech)

ZUTATEN:

500 g Roggenmehl
200 g (brauner) Zucker
1 EL Natron
2 EL Lebkuchengewürz
Schale von einer Zitrone
150 g Rosinen
200 g Nüsse, gerieben
4 Eier
150 g Honig

ZUM BESTREICHEN:

1 Dotter
2 EL Wasser

ZUM BELEGEN:

100 g Mandeln
oder Haselnüsse, ganz
(ca. 10 kandierte Kirschen)

1. *Mandeln in wenig Wasser aufkochen, Haut abziehen und halbieren. (Kandierte Kirschen ebenfalls halbieren.)*
2. *Rosinen waschen und grob hacken.*
3. *Mehl, Zucker, Natron und Lebkuchengewürz in einer großen Schüssel gut vermischen. Rosinen, Nüsse und Zitronenschale dazugeben.*
4. *Eier und Honig einrühren und den Teig zusammenkneten.*
5. *Backtrennpapier auf die Arbeitsfläche geben, Teig darauf ausrollen und aufs Blech ziehen.*
6. *Backrohr auf 180 °C Heißluft vorheizen.*
7. *Dotter mit Wasser versprudeln und damit Lebkuchen bestreichen.*
8. *Auf dem Teig mit dem Messer ca. 5 x 5 cm große Stücke markieren und belegen.*
9. *Ca. 25 Min. backen und noch warm teilen.*

Tipp:

Den Lebkuchen mit Zuckerglasur verzieren.
In einer Dose mit Deckel aufbewahren, damit er weich bleibt.

Notizen

Dinkelsterne (2 Bleche)

ZUTATEN:

250 g Dinkelmehl
¼ TL Muskatnuss
¼ TL Zimt, gemahlen
¼ TL Nelkenpulver

140 g Butter
1 Ei
80 g Rohrzucker

ZUM BESTREICHEN:

1 Ei

ZUM BELEGEN:

ca. 40 Mandeln

1. *Mehl auf ein Nudelbrett geben und mit den Gewürzen vermischen.*
2. *Butter mit einem Messer oder einer Palette klein ins Mehl schneiden, mit Ei und Zucker zu einem Mürbteig verkneten.*
3. *Teig ca. ½ Stunde kühl rasten lassen.*
4. *Backbleche mit Backtrennpapier auslegen. Backrohr auf 180 °C Heißluft vorheizen.*
5. *Nudelbrett mit Mehl bestreuen, die Hälfte des Teiges ca. ½ cm dick ausrollen.*
6. *Formen ausstechen und auf das Backblech geben. Zweite Hälfte auswalken und Formen ausstechen.*
7. *Ei versprudeln, Formen bepinseln und mit ganzen, ungeschälten Mandeln belegen.*

8. *Ca. 10 bis 12 Min. backen. Auf einem Gitter auskühlen lassen.*

Tipp: Die Kekse mit Walnusshälften belegen.

Notizen

Früchte-Apfelbrot

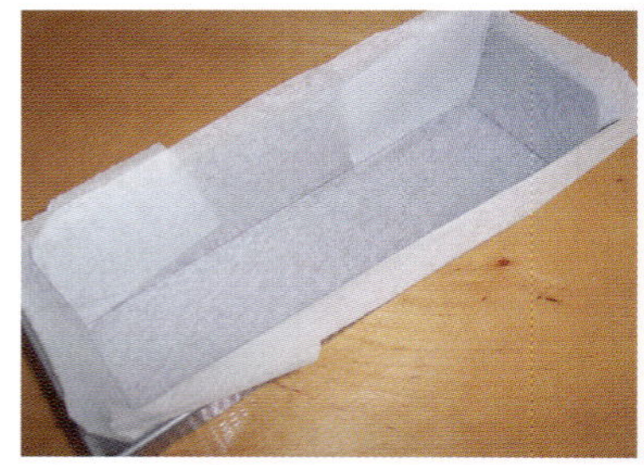

ZUTATEN:

120 g Trockenobst (Pflaumen)
80 g Haselnüsse, ganz
120 g Rosinen
4 EL Orangensaft
1–2 EL Rum
(für Kinder nur Orangensaft!!)

250 g Mehl
1 Prise Salz
80 g Staubzucker
1 Pkg. Backpulver
1 Pkg. Vanillezucker
1 EL Zimt (oder Lebkuchengewürz)
1 EL Kakaopulver
400 g Äpfel
1 Ei

Backtrennpapier

1. *Trockenobst grobwürfelig schneiden.*
2. *Rosinen waschen und abtropfen lassen.*
3. *Trockenobst, Rosinen, Nüsse und Orangensaft vermengen und mindestens 20 Minuten anziehen lassen.*
4. *Kastenform mit Backtrennpapier auslegen.*
5. *Äpfel waschen und mit der Schale grob raspeln.*
6. *Backrohr auf 160 °C Heißluft vorheizen.*
7. *Mehl, Zucker, Backpulver, Vanillezucker, Kakao, Salz und Zimt gut miteinander vermengen.*
8. *Die Trockenobst-Nussmischung, Ei und die geraspelten Äpfel hinzufügen und alles gut durchmischen, bis eine patzige Masse entsteht.*
9. *Masse in die vorbereitete Kastenform füllen und glatt streichen.*
10. *Apfelbrot ca. 50 bis 60 Minuten backen (Nadelprobe machen!) und auf einem Kuchengitter auskühlen lassen.*

Tipp: Einfaches Rezept, das köstlich schmeckt und bis zu einer Woche gut haltbar ist. (Nicht in Alufolie wickeln oder im Plastikbehälter aufbewahren, da es sonst schimmelt!)
Das Apfelbrot schmeckt nicht nur in der Adventzeit.

Notizen

Germteigkrampusse (6 Stück)

ZUTATEN:

200 g Weizenvollmehl
300 g Weizenmehl
1 Messerspitze Salz
1 Würfel Germ
50 g Butter
knapp ¼ l Milch
3–5 EL Kristallzucker
1 Pkg. Vanillezucker
2 Eier

ZUM BESTREICHEN:

1 Ei

ZUM BELEGEN:

Rosinen, Mandelstifte,
3 Cocktailkirschen

1. Mehl und Salz in eine Rührschüssel geben und Germ hineinbröckeln.

2. Butter in einer kleinen Kasserolle erwärmen und von der Herdplatte nehmen.
Milch, Kristall- und Vanillezucker sowie die Eier dazugeben. Alles gut mit einer Schneerute vermischen und die lauwarme Flüssigkeit zum Mehl gießen.

3. Mit einem Holzkochlöffel gut vermengen und den Germteig gut abschlagen, bis er seidig glatt ist und sich vom Gefäßrand löst.

4. Teig nun leicht bemehlen und an einem warmen Ort (Herdnähe, Wasserbad) zugedeckt ca. 20 Min. gehen lassen (bis er sich verdoppelt hat).

5. Backrohr auf 180 °C Heißluft vorheizen. Blech mit Backtrennpapier auslegen.

6. Aufgegangenen Teig nochmals kurz durchkneten und eine Rolle formen. Rolle in 6 gleich große Stücke teilen.

7. Krampusse laut Skizze formen, mit Ei bestreichen, belegen und am Blech noch ca. 10 Min. gehen lassen.

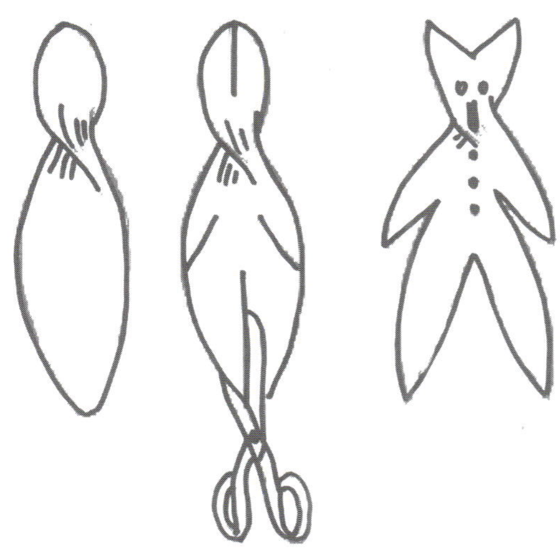

8. Ca. 15–20 Min. backen.

9. Auf einem Gitter auskühlen lassen.

Notizen

Haferflockenbusserln (1 Blech)

ZUTATEN:

60 g weiche Butter
30 g Weizenvollkornmehl
½ TL Backpulver
60 g Haselnüsse (gemahlen)
80 g Haferflocken
30 g Kristallzucker
½ Pkg. Vanillezucker
1 Ei
1 Prise Salz
Schale von ¼ Zitrone (unbehandelt)
1 Prise Zimt
1 Prise Kardamom
1 Prise Anis

ZUM GARNIEREN:

30 g Haselnüsse oder Mandeln

ZUM BESTREICHEN:

1 Dotter
2 EL Wasser

1. *Butter mit dem Mixer flaumig rühren.*
2. *Alle anderen Zutaten dazugeben. Zuerst auf kleinster Stufe und dann auf höchster Stufe gut verrühren.*
3. *Teig ca. 15 Min. kalt stellen.*
4. *Backrohr auf 140 °C Heißluft vorheizen. Backblech mit Backtrennpapier auslegen.*
5. *Mit einem kleinen Löffel Teighäufchen aufs Blech setzen und mit Dotter-Wasser-Gemisch bestreichen. Mit Nüssen belegen.*
6. *Ca. 15 bis 20 Min. backen und auf einem Gitter auskühlen lassen.*

Tipp: Den Teig nicht zu lange rühren, sonst wird er zäh! Die Haferlockenbusserln mit Schokoladeglasur verzieren, auf einem Gitter trocknen lassen und erst in eine Dose geben, wenn die Schokolade ganz getrocknet ist.

Notizen

Haselnussgebäck (ca. 70 Stück)

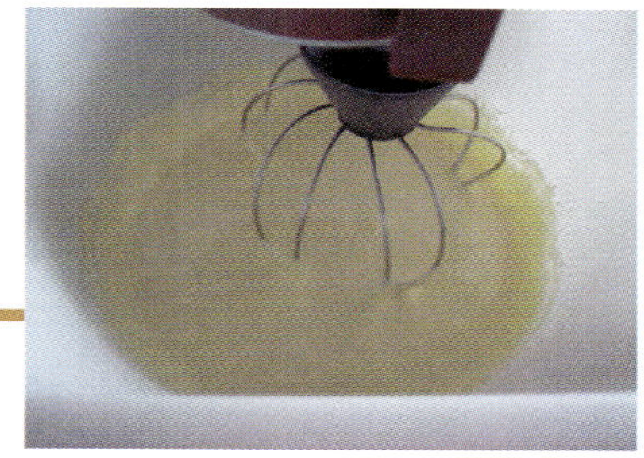

ZUTATEN:

2 Eier (Größe L)
140 g Staubzucker
1 Pkg. Vanillezucker

180 g Mehl (glatt)
100 g geriebene Haselnüsse
150 g ganze Haselnüsse

ZUM FORMEN:

2 EL Mehl fürs Brett

2 große Backoblaten oder Backtrennpapier

1. *Backrohr auf 180 °C Heißluft vorheizen. Backblech mit Backtrennpapier oder Backoblaten auslegen.*
2. *Eier, Zucker und Vanillezucker mindestens 10 Min. mit Mixer oder Küchenmaschine dickschaumig rühren.*
3. *Mehl mit geriebenen und ganzen Haselnüssen vermengen, zur Eimasse geben und mit einem Kochlöffel unterheben.*
4. *Nudelbrett bemehlen und den Teig rasch zusammenkneten.*
5. *Teig in 6 Teile teilen. Aus den Teilen etwa 3 cm dicke Rollen formen.*

6. *Rollen auf Backoblaten oder Backtrennpapier legen.*
7. *Ca. 20 Min. backen.*
8. *Rollen etwas überkühlen lassen und mit einem Sägemesser in 1 bis 2 cm dicke Scheiben schneiden.*

Tipp: Ein sehr einfaches und schnelles Gebäck, das nicht nur zur Weihnachtszeit schmeckt.
Das Gebäck gut auskühlen lassen und in einer Dose aufbewahren.
Anstelle von Haselnüssen können auch geriebene und ganze Mandeln genommen werden.

Notizen

Honiglebkuchen (2 Bleche)

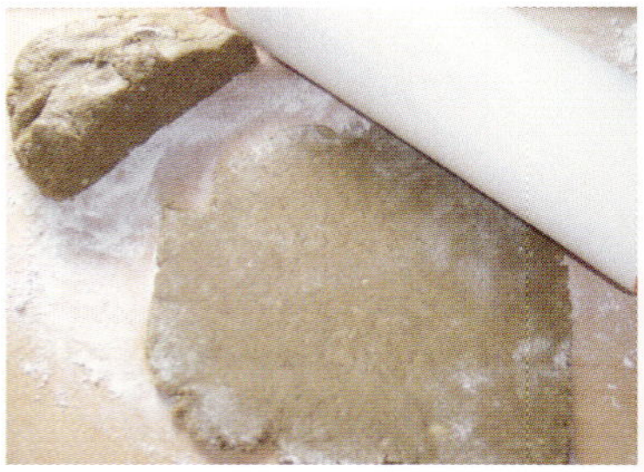

ZUTATEN:

120 g Honig
60 g Butter
50 g Staubzucker

250 g Roggenmehl
1 Prise Salz
¼ Pkg. Lebkuchengewürz
¼ TL Zimt, gemahlen
2 Tropfen Zitronenaroma
30 g geriebene Nüsse
1 Ei
½ TL Natron
1 EL kaltes Wasser

ZUM BESTREICHEN:

1 Ei

ZUM BELEGEN:

5 dag Mandeln

1. *Honig, Butter und Zucker in einer kleinen Kasserolle erwärmen (40–50 °C) und überkühlen lassen.*
2. *Mehl, Salz, Gewürze, Nüsse und Ei in einer Rührschüssel vermischen, das Butter-Honig-Zucker-Gemisch dazugeben.*
3. *Natron in Wasser auflösen, dazugeben und alles gut mit einem Kochlöffel vermengen.*
4. *Ca. 20 Minuten kalt stellen.*
5. *Mandeln in wenig Wasser aufkochen, kalt abschrecken, schälen und halbieren.*
6. *Backbleche mit Backtrennpapier auslegen. Backrohr auf 200 °C Heißluft vorheizen.*
7. *Teig aufs Nudelbrett geben und halbieren.*
8. *Teighälften nicht dünner als ½ cm ausrollen, Formen ausstechen, mit Ei bestreichen und belegen.*

9. *Ca. 7 Min. backen und auf einem Gitter auskühlen lassen.*

Tipp: Lebkuchen nicht zu dünn auswalken sowie heiß und kurz backen. Dieses Rezept eignet sich auch für große Lebkuchenherzen.

Notizen

Kakaotörtchen (ca. 50 Stück)

ZUTATEN:

150 g Butter

100 g Staubzucker
1 Pkg. Vanillezucker
1 Ei

150 g Mehl
1 EL Kakaopulver
150 g geriebene Haselnüsse

50 kleine Konfektkapseln

ZUM BELEGEN:

100 g Haselnüsse

1. *Butter mit dem Mixer flaumig rühren.*
2. *Zucker, Vanillezucker und das Ei nach und nach unterrühren.*
3. *Mehl, Kakaopulver und die geriebenen Nüsse unterheben.*
4. *Backrohr auf 180 °C Heißluft vorheizen. Konfektkapseln auf einem Backblech verteilen.*
5. *Masse in einen Spritzsack mit großer Tülle einfüllen und in die Konfektkapseln dressieren.*
6. *Mit Mandeln oder Haselnüssen belegen.*
7. *Ca. 12 bis 15 Min. backen.*

Tipp: Anstelle der Haselnüsse kann man auch geriebene Walnüsse nehmen.
Ein Rezept, das nicht nur in der Weihnachtszeit schmeckt.

Notizen

Kleines Lebkuchenhäuschen

ZUTATEN:

Dachfläche ca. 15 x 15 cm

TEIG:

150 g Roggenmehl
150 g Weizenmehl
150 g Staubzucker
1 Pkg. Vanillezucker
1 TL Natron
½ Pkg. Lebkuchengewürz
80 g flüssiger Honig
2 Eier

ZUM BESTREICHEN:

1 kleines Ei

GLASUR:

½ Eiklar, ganz frisch
100–150 g Staubzucker

DEKORATION:

Walnusshälften
Mandelhälften
kandierte Kirschen ...

1. *Backblech mit Backtrennpapier auslegen. Backrohr auf 190 °C Heißluft vorheizen.*
2. *Alle Zutaten vom Teig der Reihe nach in eine Rührschüssel geben und mit einem Kochlöffel gut vermengen.*
3. *Masse auf ein Nudelbrett geben und rasch zusammenkneten.*
4. *Nudelbrett gut mit Mehl bestreuen, Teig nicht dünner als ½ cm ausrollen (mit Hilfe von Backtrennpapier – damit der Teig nicht klebt!), Schablonen auflegen und mit dem Teigrad ausschneiden.*
5. *Teile mit verquirltem Ei bestreichen und beliebig belegen.*
6. *Kleine Teile ca. 7 Min. und Dachflächen ca. 9 Min. backen. Auf einem Gitter auskühlen lassen.*
7. *Mit einer Stricknadel die eingezeichneten Löcher ausstechen. Teile mit Geschenksband zusammenbinden.*
8. *Eiklar gut verrühren. Staubzucker löffelweise hineinsieben und gut vermischen, bis die Glasur dickflüssig ist. Mit Hilfe eines Tiefkühlsäckchens das Häuschen verzieren und leicht bezuckern.*

Tipp: Eiweißglasur in ein kleines Tiefkühlsäckchen füllen und auf einer Ecke eine kleine Öffnung einschneiden.

Kokosbusserln (1 Blech)

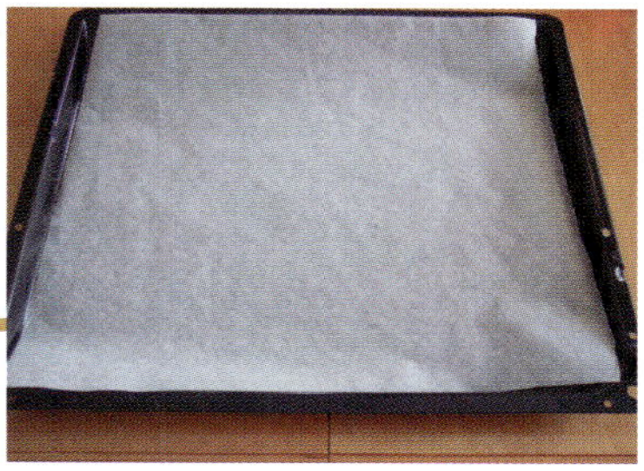

ZUTATEN:

2 Eiklar
1 Prise Salz

140 g Staubzucker
ein paar Tropfen Zitronensaft
140 g Kokosflocken

1. *Backrohr auf 140 °C Heißluft vorheizen. Backbleche mit Backtrennpapier auslegen.*
2. *Eiklar mit einer Prise Salz zu festem Schnee schlagen.*
3. *Löffelweise ein Drittel des Zuckers einschlagen.*
4. *Den übrigen Zucker mit Zitronensaft und Kokosflocken vermengen und vorsichtig mit einem Kochlöffel unter die Schneemasse heben.*
5. *Mit Hilfe eines Kaffeelöffels kleine Häufchen aufs Backblech setzen.*
6. *Bei geringer Hitze langsam backen (ca. 25 bis 30 Min.) und im ausgeschalteten Rohr nachtrocknen lassen.*

Tipp: Die Kokosbusserln können auch auf runde Backoblaten gesetzt werden. Das kalte Eiklar in einer sauberen, trockenen Schüssel schlagen, sonst wird es nicht fest.

Notizen

Kokostraum-Herzen (2 Bleche)

ZUTATEN:

200 g Weizenmehl
(Weizenvollkornmehl)
80 g Staubzucker
1 Pkg. Vanillezucker
½ Pkg. Backpulver
50 g Kokosflocken

1 TL Rum
(oder Rum-Aroma)
3 Dotter
150 g kalte Butter

GLASUR:

150 g weiße Schokolade
100 g Kokosflocken

1. *Mehl mit Staubzucker auf ein Backbrett sieben. Vanillezucker, Backpulver und Kokosflocken dazugeben und locker vermischen.*
2. *Rum und Dotter in die Mitte geben. Butter grob hacken und dazugeben. Alle Zutaten mit den Händen rasch zu einem glatten Teig verkneten, zu einer Kugel formen, abdecken und etwa ½ Stunde in den Kühlschrank stellen.*
3. *Backrohr auf 180 °C Heißluft vorheizen. Backbleche mit Backtrennpapier auslegen.*
4. *Teig nach dem Rasten auf einer bemehlten Arbeitsfläche ca. 4 mm dick ausrollen und Herzen ausstechen.*
5. *Backzeit: ca. 7 bis 8 Minuten. Nach dem Backen auf einem Gitter auskühlen lassen.*

6. *Mit zerlassener Schokolade bestreichen, mit Kokosflocken bestreuen und kühl stellen.*

Glasur:

Schokolade zerkleinern und langsam bei geringer Hitze im Wasserbad zum Schmelzen bringen.
Mit einem Pinsel oder einem Tafelmesser auf die Herzformen streichen, mit Kokosflocken bestreuen und trocknen lassen.

Tipp: Mit Hilfe von Backtrennpapier lässt sich der Teig leichter auswalken. Kekse sind etwas Besonderes. Da sie meist viel Fett und/oder Zucker enthalten, sollten sie mit Maß und Ziel genossen werden.

Notizen

Linzer Herzen (2–3 Bleche)

ZUTATEN:

350 g Weizenmehl
250 g Butter oder Margarine

100 g Staubzucker
50 g geriebene Nüsse
1 Pkg. Vanillezucker
Saft und Schale von
½ Zitrone
2 Dotter

8 EL Ribiselgelee
Staubzucker zum Bestreuen

1. Mehl auf ein Nudelbrett geben, kalte Butter oder Margarine mit einer Palette zerkleinern.

2. Staubzucker, Nüsse, Vanillezucker, Zitronenschale und -saft dazugeben und locker vermischen.

3. In der Mitte eine Grube machen, Dotter dazugeben und rasch zu einem glatten Teig verkneten.

4. Teig ca. ½ Stunde kühl rasten lassen.

5. Backrohr auf 180 °C Heißluft vorheizen. Backbleche mit Backtrennpapier auslegen. Nudelbrett mit etwas Mehl bestreuen.

6. Teig messerrückendick auswalken und Herzen ausstechen. Oberteile in der Mitte nochmals mit einem kleinen Herzausstecher ausstechen.

7. Ca. 8 Minuten backen und auf einem Glasiergitter auskühlen lassen.

8. Oberteile leicht bezuckern. Unterteile der Herzen auf der glatten Seite mit Marmelade bestreichen und mit der oberen Hälfte zusammensetzen.

Tipp: Alle Zutaten rasch verkneten und den Teig rasten lassen, damit er beim Verarbeiten nicht bricht. Mit Hilfe von Backtrennpapier lässt sich der Teig besser auswalken. Anstelle von Ribiselgelee kann auch passierte Marillenmarmelade zum Füllen verwenden werden.
Beim Ausstechen darauf achten, dass die Anzahl der Ober- und Unterteile gleich groß ist.

Notizen

Mandelgebäck (ca. 40 Stück)

ZUTATEN:

120 g Butter

80 g Staubzucker
1 Pkg. Vanillezucker
1 Ei

120 g Mehl
100 g geriebene Mandeln

40 kleine Konfektkapseln

ZUM BELEGEN:

ca. 150 g ganze Mandeln

1. *Ganze Mandeln in wenig Wasser aufkochen und Haut mit den Fingern abziehen.*
2. *Butter mit dem Mixer flaumig rühren.*
3. *Zucker, Vanillezucker und das Ei nach und nach unterrühren.*
4. *Mehl und die geriebenen Mandeln unterheben.*
5. *Backrohr auf 180 °C Heißluft vorheizen. Konfektkapseln auf einem Backblech verteilen.*
6. *Masse in einen Spritzsack mit großer Tülle einfüllen und in die Konfektkapseln dressieren.*
7. *Mit Mandeln belegen und ca. 12 bis 15 Min. backen.*

Tipp: Wenn mehr als die Hälfte der geriebenen durch blättrige Mandeln ersetzt wird, kann man aus der Masse auch kleine Kugeln formen und diese in die vorbereiteten Konfektkapseln geben.

Notizen

Mandelmonde **(2 Bleche)**

ZUTATEN:

1 Eiklar
2 gestrichene EL Marillen-marmelade
80 g Staubzucker
1 Pkg. Vanillezucker
1 Msp. Zimt
300 g Mandeln, gerieben

ZUM AUSARBEITEN:

Staubzucker

ZUM BESTREUEN:

1 Eiklar
100 g Mandeln (Blättchen oder Stifte)

1. *Eiklar mit Marmelade in einer Rührschüssel gut verrühren.*
2. *Staubzucker, Vanillezucker, Zimt und Mandeln dazugeben, gut vermengen und 15 Min. rasten lassen.*
3. *Backrohr auf 180 °C Heißluft vorheizen. Backblech mit Backtrennpapier auslegen.*
4. *Arbeitsfläche mit Staubzucker bestreuen, Masse 5 mm dick ausrollen und Monde ausstechen.*
5. *Monde mit verquirltem Eiklar bestreichen, mit Mandeln belegen und etwa 8 Min. backen.*
6. *Auf einem Gitter auskühlen lassen.*

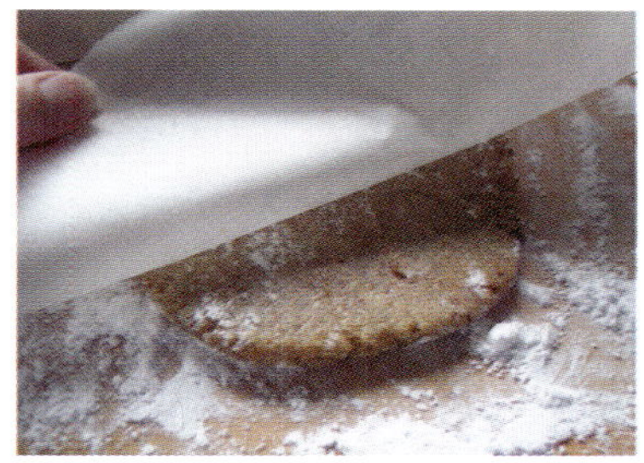

Tipp: Sollte der Teig zu weich sein, noch geriebene Mandeln dazugeben.
Zum Auswalken nur Staubzucker und kein Mehl verwenden.
Die Kekse kühl und trocken lagern.

Notizen

***Mürbteigaugen* (1 Blech)**

ZUTATEN:

100 g Butter

100 g Staubzucker
1 Pkg. Vanillezucker
1 Ei

50 g Kokosflocken
Saft von ½ Zitrone
200 g Weizenmehl
(Weizenvollkornmehl)

ZUM FÜLLEN:

3 EL Marmelade
(Marillen- oder Ribisel-
marmelade)

1. *Butter mit dem Mixer flaumig rühren.*
2. *Zucker, Vanillezucker und Ei dazugeben und schaumig rühren.*
3. *Kokosflocken, Zitronensaft und Mehl beifügen und mit den Knethaken zu einem Teig vermengen.*
4. *Teig ca. 10 Min. kühl rasten lassen.*
5. *Backrohr auf 160 °C Heißluft vorheizen. Backblech mit Backtrennpapier auslegen.*
6. *Aus der Masse kleine Kugeln formen und aufs Backblech setzen.*
7. *Mit einem Kochlöffelstiel Vertiefungen eindrücken.*
8. *Vertiefungen mit Marmelade füllen.*
9. *Ca.15 Min. backen und auf einem Gitter auskühlen lassen.*

Tipp: Bevor die Mürbteigaugen mit Marmelade gefüllt werden, können sie noch mit versprudeltem Eiklar bestrichen und mit Kokosette bestreut werden.

Notizen

Nikolostiefel (6 Stück)

ZUTATEN:

250 g Honig
120 g Butter
100 g Staubzucker

500 g Roggenmehl
(Roggenvollkornmehl)
1 Prise Salz
½ Pkg. Lebkuchengewürz
½ TL Zimt, gemahlen
2 Tropfen Zitronenaroma
50 g geriebene Nüsse
2 Eier

1 TL Natron
1 EL kaltes Wasser

ZUM BESTREICHEN:

1 Ei

ZUM BELEGEN:

Mandeln, Walnüsse, kandierte Kirschen ...

1. *Honig, Butter und Zucker in einer kleinen Kasserolle langsam erwärmen (40–50 °C) und überkühlen lassen.*
2. *Mehl, Salz, Gewürze, Nüsse und Eier in eine Rührschüssel geben, das Butter-Honig-Zucker-Gemisch dazugeben.*
3. *Natron in Wasser auflösen, dazugeben und alles gut vermengen. Masse auf ein Nudelbrett geben und rasch zusammenkneten.*
4. *Teig ca. 30–45 Minuten kalt stellen.*
5. *Backbleche mit Backtrennpapier auslegen. Backrohr auf 180 °C Heißluft vorheizen. Nudelbrett mit Mehl bestreuen.*
6. *Teig nicht dünner als ½ cm ausrollen, Schablone auflegen und mit einem Teigrad ausschneiden. Mit verquirltem Ei bestreichen und beliebig belegen.*
7. *Ca. 8–9 Min. backen und auf einem Gitter auskühlen lassen.*

Tipp: Der Lebkuchen bleibt weich, wenn er nicht dünner als ½ cm ausgerollt und die angegebene Backzeit nicht überschritten wird. Hübsch verpackt ist der Nikolostiefel ein liebes Geschenk in der Adventzeit.

Nussbäumchen (2 Bleche)

ZUTATEN:

250 g Mehl
(die Hälfte davon Weizenvollmehl)
200 g Butter

100 g gemahlene Nüsse
70 g Staubzucker
1 Pkg. Vanillezucker

1 Ei

1. *Mehl aufs Nudelbrett schütten, kalte Butter mit Palette oder Messer klein hineinhacken.*
2. *Nüsse, Staub- und Vanillezucker locker untermischen. In der Mitte eine Grube machen, Ei dazugeben und alles rasch zu einem glatten Teig zusammenkneten.*
3. *Teig ca. 20 Minuten im Kühlschrank rasten lassen.*
4. *Backrohr auf 180 °C Heißluft vorheizen. Backbleche mit Backtrennpapier auslegen.*
5. *Nudelbrett mit Mehl bestreuen, die Hälfte des Teiges messerrückendick auswalken.*

6. *Verschiedene Formen ausstechen und aufs Backblech legen.*
7. *Kekse ca. 8 Min. backen und auf einem Gitter auskühlen lassen.*

Tipp: Den Teig in Frischhaltefolie wickeln, so trocknet er nicht aus und nimmt im Kühlschrank keine fremden Gerüche an.
Portionsweise ausrollen und die Arbeitsfläche mit Mehl bestreuen. Mürbteiggebäck ist sehr fett- und zuckerreich.

Notizen

Nusslebkuchen (2–3 Bleche)

ZUTATEN:

300 g Roggenmehl
150 g geriebene Nüsse
150 g Staubzucker
1 TL Natron
½ Pkg. Lebkuchengewürz
1 Pkg. Vanillezucker
3 Eier
4 EL Honig

ZUM BESTREICHEN:

1 Ei

ZUM BELEGEN

Mandeln, Nüsse ...

1. *Backblech mit Backtrennpapier auslegen.*
2. *Alle Zutaten in eine Rührschüssel geben und gut vermengen.*
3. *Teig auf ein Nudelbrett geben und zusammenkneten.*
4. *Backrohr auf 190 °C Heißluft vorheizen. Nudelbrett mit Mehl bestreuen.*
5. *Teig nicht dünner als ½ cm ausrollen (mit Hilfe von Backtrennpapier – damit der Teig nicht klebt!) und Formen ausstechen.*
6. *Lebkuchen mit einem verquirlten Ei bestreichen und nach Geschmack mit Mandeln oder Nüssen belegen.*
7. *Ca. 6 bis 7 Min. backen und auf einem Gitter auskühlen lassen.*

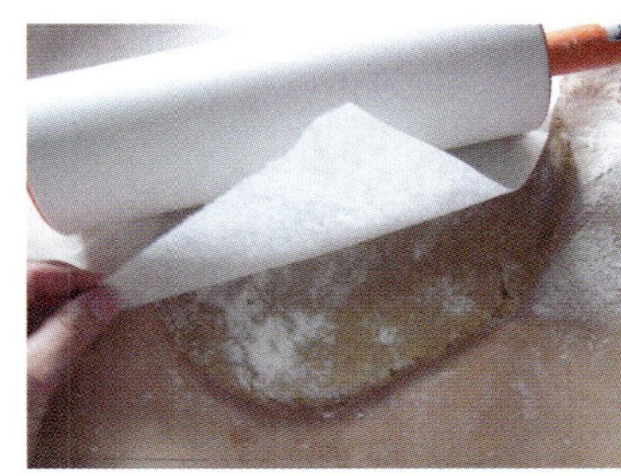

Tipp: Der Lebkuchen bleibt weich, wenn er nicht dünner als ½ cm ausgerollt und die angegebene Backzeit nicht überschritten wird. Den Lebkuchen in einer Dose aufbewahren.

Notizen

Mandelhäufchen

ZUTATEN:

150 g Schokolade (Milchschokolade)
200 g gestiftelte Mandeln

Konfektförmchen

1. *Schokolade im Wasserbad bei geringer Hitze schmelzen.*
2. *Mandeln hinzufügen und gut vermischen.*
3. *Mit einem Kaffeelöffel Häufchen in die Konfektförmchen setzen und kalt stellen.*

Tipp: Ein nettes kulinarisches Mitbringsel.

Cornflakeskonfekt

ZUTATEN:

200 g Schokolade (Milchschokolade)
200 g Cornflakes

Konfektförmchen

1. *Schokolade im Wasserbad langsam schmelzen.*
2. *Cornflakes etwas zerkleinern und untermischen.*
3. *Masse mit einem Kaffeelöffel in die Konfektförmchen füllen und kalt stellen.*

Schokoladestäbchen (ca. 35 Stück)

ZUTATEN:

150 g Butter

100 g Staubzucker
1 Pkg. Vanillezucker
1 Ei

200 g Mehl
1 EL Kakaopulver
100 g geriebene Nüsse

ZUM GARNIEREN:

50 g Schokolade

1. Butter mit dem Mixer flaumig rühren.

2. Zucker, Vanillezucker und das Ei nach und nach unterrühren.

3. Mehl, Kakaopulver und die geriebenen Nüsse unterheben.

4. Backrohr auf 180 °C Heißluft vorheizen. Backblech mit Backtrennpapier auslegen.

5. Masse in einen Spritzsack mit mittelgroßer Tülle einfüllen und Stäbchen von ca. 4 cm aufs Blech dressieren.

6. Ca. 12 Min. backen und auf einem Gitter auskühlen lassen.

7. Schokolade langsam im Wasserbad erwärmen.

8. Schokolade in ein Plastiksäckchen füllen (kleines Loch in einer Ecke einschneiden), Stäbchen damit verzieren und kalt stellen.

Tipp: Ein sehr einfaches und schnelles Rezept, da der gerührte Mürbteig weder geknetet werden noch rasten muss. Die glatten Seiten der Stäbchen können auch mit Marmelade zusammengesetzt und die Spitzen in Schokolade getunkt werden.

Notizen

Vanillekipferln (2 Bleche)

ZUTATEN:

280 g Mehl (die Hälfte davon Weizenvollmehl)
210 g Butter

100 g gemahlene Mandeln
70 g Staubzucker
1 Pkg. Vanillezucker

1 Ei

ZUM WÄLZEN ODER BESIEBEN:

5 EL Staubzucker
2 Pkg. Vanillezucker

1. *Backbleche mit Backtrennpapier belegen.*
2. *Mehl aufs Nudelbrett schütten, kalte Butter mit einer Palette klein hineinhacken.*
3. *Mandeln und Staub- und Vanillezucker locker untermischen. In der Mitte eine Grube machen, Ei dazugeben und alles rasch zu einem glatten Teig zusammenkneten.*
4. *Teig ca. 20 Minuten im Kühlschrank rasten lassen.*
5. *Backrohr auf 200 °C Heißluft vorheizen. Nudelbrett mit Mehl bestreuen.*
6. *Aus dem Teig Rollen formen, davon kleine Stücke abschneiden und zu Kipferln biegen.*
7. *Kipferln etwa. 7 bis 8 Min. backen.*
8. *Staub- und Vanillezucker vermischen und die noch warmen Kipferln darin wälzen oder damit bestreuen.*

Tipp: Den Teig in Frischhaltefolie einwickeln, so trocknet er nicht aus und nimmt keine fremden Gerüche an.

Notizen

Wickelkinder (ca. 50 Stück)

ZUTATEN:

200 g Weizenmehl
150 g Butter

50 g Staubzucker
50 g geriebene Mandeln
½ Pkg. Vanillezucker
1 TL Zitronensaft

1–2 Dotter

ZUM BESTREICHEN:

1 verquirltes Ei

ZUM BELEGEN:

ca. 50 Mandeln, ganz

100 g Schokoladeglasur

1. *Mehl auf ein Backbrett geben und mit kalter Butter verbröseln.*

2. *Staubzucker, Mandeln, Vanillezucker, Zitronensaft dazugeben und locker vermengen.*
3. *Eine Grube machen, Dotter hineingeben und rasch zusammenkneten.*

4. *In Frischhaltefolie einwickeln und ca. ½ Stunde kühl rasten lassen.*
5. *Backblech mit Backtrennpapier auslegen und Backrohr auf 180 °C Heißluft vorheizen.*
6. *Teig auswalken und mit einem gezackten Ausstecher Kreise im Durchmesser von 4 cm ausstechen.*

7. *Kreise mit Ei bestreichen, am Rand mit einer Mandel belegen und von der Seite so einschlagen, dass ein „Tascherl" entsteht, und auf das Backblech legen.*

8. *Ca. 8 Minuten backen und auf einem Glasiergitter auskühlen lassen.*
9. *Schokoladeglasur laut Anleitung erwärmen, die „Wickelkinder" eintauchen und auf einem Glasiergitter trocknen lassen.*

Tipp: Schokoladeglasur nur langsam bei geringer Hitze erwärmen.
Eine liebe Idee für eine Taufe oder als Wiegengeschenk.

Notizen

Rezepte – nach Gruppen geordnet

Rezepte – alphabetisch geordnet

T

V

W

Z